Tina Rödiger

Burnout im Lehrerberuf

Welche Maßnahmen zur Prävention und Intervention stehen Schulleitungen zur Verfügung?

Bibliografische Information der Deutschen Nationalbibliothek:

Die Deutsche Nationalbibliothek verzeichnet diese Publikation in der Deutschen Nationalbibliografie; detaillierte bibliografische Daten sind im Internet über http://dnb.d-nb.de abrufbar.

Impressum:

Copyright © Science Factory 2021

Ein Imprint der GRIN Publishing GmbH, München

Druck und Bindung: Books on Demand GmbH, Norderstedt, Germany

Covergestaltung: GRIN Publishing GmbH

II

Inhaltsverzeichnis

Abkürzungsverzeichnis

ABC-L	Arbeitsbewertungscheck für Lehrkräfte
AGIL	Arbeit und Gesundheit im Lehrerberuf
AVEM	Arbeitsbezogenes Verhaltens- und Erlebensmuster
bzw.	beziehungsweise
etc.	et cetera
MBI	Maslach-Burnout Inventory
u.a.	unter anderem
usw.	und so weiter
vgl.	vergleiche

Abbildungsverzeichnis

Tabellenverzeichnis

1 Einleitung

Das Bild einer Lehrkraft ist durch die eigene Schulerfahrung sehr emotional geprägt und es bestehen viele Vorurteile. ‚So gut möchte ich es auch mal haben: Halbtagsjob mit zwölf Wochen Ferien, bei dem Gehalt und sicherer Pension.' Aber Untersuchungen zeigen, dass hohe Belastungen und Beanspruchungen im Lehrberuf existieren (vgl. Schaarschmidt, 2004, S.15). Immer wieder wird in Medien vom bedenklichen Gesundheitszustand sowie der erhöhten Krankheitsanfälligkeit von Lehrkräften berichtet. Lehrerinnen und Lehrer werden als die ‚Ausgebrannten' bezeichnet, die durch die Schule krank werden. Mehr als die Hälfte der Pädagoginnen und Pädagogen stehe demnach vor einem physischen und psychischen Kollaps (vgl. Götz, 2018). In der Sendung „Quarks & Co" (Erstausstrahlung 21.08.2012) wird von einer extremen Belastung bei Lehrerinnen und Lehrern gesprochen, wobei 29% ein erhöhtes Burnout- Risiko aufweisen und ein weiteres Drittel gefährdet sei (vgl. Rothland, 2016, S.12).

Die Belastungen der Lehrerinnen und Lehrer nehmen zu und werden vielschichtiger. So gewinnt die Erziehungsaufgabe, neben der Vor- und Nachbereitung sowie der Vermittlung des Unterrichtsstoffes, eine zunehmende Bedeutung (vgl. Prof. Dr. Schnell, 2018, S.240). Weiterhin geraten Lehrerinnen und Lehrer, aufgrund der Notwendigkeit der Erfüllung verschiedener Rollen, im Schulalltag immer wieder in Grenzsituationen. Sie sind Autoritätsperson, Unterrichtender, Vorbild, Pädagogin, Therapeut und letztlich die eigene, angreifbare und verletzbare Person. Auch wenn dieser Beruf so viele Facetten verlangt, kann eine Lehrperson immer nur eine Rolle gleichzeitig annehmen, während sie zu selben Zeit verschiedene Rollen erfüllen sowie auf unterschiedlichen Ebenen agieren muss. Dies macht die psychische Belastung des Lehrberufes aus. Oftmals geraten Lehrerinnen und Lehrer während und außerhalb des Unterrichtes in Grenzsituationen, in denen sie pädagogisch-verändernd einwirken sollen, bei gleichzeitig drohendem Autoritätsverlust sowie dem persönlichen Empfinden von Wut und Ärger, was z. B. durch verbale Aggressionen seitens der Schülerinnen und Schüler ausgelöst werden kann. Während eine Lehrperson eine Rolle annimmt, vernachlässigt sie eine andere, was eine hohe sozial-kommunikative, emotionale und motivationale Anstrengung erfordert (vgl. Meyer, 1994, S. 24).

Studien zeigen, wie blockiert und stark überfordert sich zwei Drittel der Lehrkräfte fühlen, was wiederum bei 3-5% zum Burnout-Syndrom führt (vgl. Scheuch, Haufe, & Seibt, 2015, S. 347f.). Dieser Zustand ist alarmierend und nicht bloß mit dem Verweis auf die ‚wehleidige Lehrerschaft' zu ignorieren. Vor allem Schulleitungen, die

die Überforderungen der Lehrkräfte nicht wahrhaben wollen, laufen Gefahr, den Zeitpunkt zum Gegensteuern zu verpassen (vgl. Klippert, 2007, S. 12).

Als stellvertretende Schulleitung einer Grundschule möchte ich daher diesen Aspekt genauer beleuchten. In dieser Masterarbeit geht es daher im ersten Teil um die Besonderheiten des Lehrberufs sowie die damit zusammenhängenden Belastungsfaktoren. Des Weiteren werden Ursachen der Belastungsmomente im inner- sowie außerschulischen Umfeld dargestellt und Belastungsstudien herangezogen. Im zweiten Teil wird das Burnout-Syndrom näher beleuchtet und aufgezeigt, wie es zum Burnout kommen kann und welchen Einfluss es auf die Lehrkräfte in Bildungsorganisationen nimmt. Vor allem aber soll zum einen deutlich werden, was Lehrkräfte und vor allem Schulleitungen tun können, um die Gesundheit aller in der Schule Beteiligten zu fördern, und zum anderen welche Präventions- und Interventionskonzepte bisher bestehen. Zwei dieser Konzepte werden im letzten Teil vorgestellt und miteinander verglichen. Anhand der dargestellten präventiven und intervenierenden Maßnahmen wird abschließend ein kurzes, selbst entwickeltes Präventionskonzept anhand der Freien Grundschule Quickborn dargestellt.

2 Besonderheiten des Lehrberufs

2.1 Anforderungen und Aufgaben im Lehrberuf

Der Lehrberuf ist ungemein vielfältig. An die Lehrkräfte stellt er komplexe Anforderungen, die sie in der Schule, aber auch außerhalb erfüllen sollen. Aus eigener Erfahrung steigen die Ansprüche an die Pädagoginnen und Pädagogen, was sich zunehmend in verschiedenen Veröffentlichungen in den Medien widerspiegelt (vgl. Eissele & Hauser, 2004, S. 1). Die Sensibilität dafür in der Öffentlichkeit steigt angesichts des Umstandes, dass für Lehrkräfte nicht mehr nur Bildungsaufgaben zentral sind. Sie sind einen beträchtlichen Teil ihrer Arbeitszeit in intensivem Kontakt mit Kindern und Heranwachsenden. Oft ist die soziale Interaktion dabei auf aktuelle Probleme der Schülerinnen und Schüler zentriert, einhergehend mit Gefühlen negativer Art. Hierzu zählen z. B. Ärger, Verlegenheit, Furcht oder Verzweiflung. Lösungen dieser Probleme sind nicht immer leicht zu erkennen oder zu erreichen, sodass eine solche Situation oft zweideutig und frustrierend werden kann, was wiederum zu emotionalen Stress führt (vgl. Bieri, 2002). Lehrkräfte vermitteln also nicht nur Wissen, sondern sind auch Sozialarbeiterin oder Psychologe, teilweise auch ein Elternersatz. In einer Klasse befinden sich im Durchschnitt circa fünfundzwanzig Schülerinnen und Schüler, oft mit unterschiedlicher Herkunft, Sprache, Leistungsfähigkeit und Motivation sowie unterschiedlichem Interesse und Verhalten. Pro Tag kann eine Lehrkraft sechs unterschiedliche Unterrichtsstunden in unterschiedlichen Klassen absolvieren. Pausen werden überwiegend für Gespräche, Raumwechsel oder das Nachgehen der Aufsichtspflicht genutzt (vgl. Schaarschmidt, 2004, S.15f.). Nicht nur Kenntnis des Lehrstoffes und die erforderliche Didaktik werden für das Unterrichten benötigt, sondern auch eine fokussierte und verteilte Aufmerksamkeitsleistung sowie eine hohe sozial-kommunikative, emotionale und motivationale Fertigkeiten. Darüber hinaus zählen Durchsetzungsfähigkeit, Selbstbehauptung, soziale Sensibilität und Verantwortungsbewusstsein sowie ein hoher Arbeitsanspruch zum Anforderungsprofil einer Lehrperson (vgl. ebd.) Neben der Planung und Durchführen des Unterrichtes bzw. einer Unterrichtsreihe finden verschiedene Arbeitsgruppen oder Konferenzen zur Schul- und Organisationsentwicklung statt. Hinzu kommen die innerschulische Zusammenarbeit, die Verwaltungsaufgaben, die Klassenleitung sowie das Planen und Durchführen von Klassenfahrten mit externen Kooperationspartnern (vgl. Heyse, 2011). Dabei ist ein diszipliniertes Arbeits- und Zeitmanagement aufgrund gedrängter Kommunikation sowie eines dichten Beziehungsgeflechts und dienstlicher

Verpflichtungen während und außerhalb der Unterrichtszeit für eine vollzeittätige Lehrkraft mit mehr als 51 Wochenstunden notwendig (vgl. ebd.). Im Beschluss der Kultusministerkonferenz im Dezember 2000 werden folgende Aufgaben einer Lehrkraft genannt:

1. Unterrichten
2. Erziehen
3. Beurteilen/ Beraten
4. Weiterentwicklung der eigenen Kompetenzen
5. Weiterentwicklung der eigenen Schule

   (KMK, 2000)

Das Unterrichten zählt zu den Kernaufgaben der Lehrerinnen und Lehrer und beinhaltet „die gezielte und nach wissenschaftlichen Erkenntnissen gestaltete Planung, Organisation und Reflexion von Lehr- und Lernprozessen sowie ihre individuelle Bewertung und systemische Evaluation" (KMK, 2000, S. 2). Mit Hilfe der Vermittlung von verschiedenen Kenntnissen und Fertigkeiten in unterschiedlichen Methoden fördert der Pädagoge bzw. die Pädagogin ein lebenslanges und selbstständiges Lernen bei den Schülerinnen und Schülern, geprägt von seinen menschlichen und professionellen Fähigkeiten. Darüber hinaus sollten die Pädagoginnen und Pädagogen mit fachwissenschaftlichen, pädagogisch-didaktischen und soziologisch-psychologischen Kompetenzen sowie kommunikativen und sozialen Fähigkeiten die Lernenden fördern und motivieren, sie fordern, ohne zu überfordern (KMK, 2000). Eine weitere Aufgabe ist die Erziehung junger Menschen, die auf eine bewusste Einflussnahme der Persönlichkeitsentwicklung (positive Wertorientierung, Haltung und Handlung) in enger Zusammenarbeit mit den Eltern abzielt. Eine faire Beurteilung seitens der Lehrkräfte im Unterricht sowie die Forderung eigene Leistungen und Anstrengungen real einzuschätzen, beeinflussen die Bildungschancen jedes Einzelnen und ebnen somit den Weg für Ausbildungs- und Berufswege. Es gilt des Weiteren Fort- und Weiterbildungsangebote zur stetigen Kompetenzerweiterung zu nutzen, sowie Kontakte zu außerschulischen Kooperationspartnern zu pflegen. Um die Schulkultur lernförderlich zu gestalten, ist weiterhin eine Beteiligung an der Schulentwicklung unabdingbar. Dazu zählen die Mitarbeit in schulübergreifenden Gremien und Institutionen sowie die Umsetzung des Schulprogramms durch aktive Mitwirkung, Mitverantwortung und Teamarbeit. Für die Sicherung der Qualität einer Schule sowie für wissenschaftliche, fundierte

Leistungsvergleiche finden externe und interne Evaluationen statt, welche die Pädagoginnen und Pädagogen ebenso unterstützen.

Dies alles kann aber auf Dauer nur dann gelingen, wenn Lehrerinnen und Lehrer

> „von der Öffentlichkeit, den Eltern, der Wirtschaft, den Hochschulen und den Medien Rückhalt erfahren bei der Erfüllung ihrer verantwortungsvollen und schwierigen Aufgabe. Es ist Verpflichtung und Verantwortung von Bildungspolitik und Bildungsverwaltung für Lehrerinnen und Lehrer die erforderlichen Rahmenbedingungen zu sichern, damit sie den hohen Erwartungen gerecht werden können" (KMK, 2000, S. 5).

Deutlich wird, dass sich alle Aufgaben auf die Kernaufgabe das Unterrichtens beziehen und sich die Qualität einer Lehrkraft an der Qualität des Unterrichts bemisst. Allein wenn die Merkmale von Unterrichtsqualität genauer betrachtet werden, so zeigen sich mannigfaltige Heraus- und Anforderungen lediglich bei der Ausübung der Aufgabe des Unterrichtens:

1. Klassenführung (Prävention und Intervention von Störungen und Disziplinproblemen)

2. Klarheit, Verständlichkeit, Strukturiertheit (senderbezogen, empfängerbezogen, prozess- und inhaltsbezogen)

3. Konsolidierung, Üben (Festigung, Automatisierung, Vertiefung, Transfer, Anwendung und Vermittlung von Übungsstrategien sowie Formulierung anspruchsvoller Übungsaufgaben)

4. Aktivierung (kognitive, soziale und körperliche Aktivierung, aktive Teilhabe der Schülerin oder des Schülers an Planung und Durchführung des Unterrichts)

5. Motivierung (motivationale Fremdsteuerung wird durch motivationale Selbststeuerung ersetzt durch u.a. Lernmotivation durch Lebensweltbezug, kognitive Konflikte)

6. Lernförderliches Klima (Fehlerkultur, Lernatmosphäre, Umgang mit Leistungsangst, Unterrichtstempo)

7. Schülerorientierung (Orientierung an Interessen und Vorwissen, Mitentscheidung, Mitgestaltung)

8. Umgang mit Heterogenität (Passung, Differenzierung und Individualisierung)

9. Angebotsvielfalt (Methodenvielfalt, Medien, Aufgabentypen, Lernorte)

10. Kompetenzorientierung

(Rothland, 2013, S. 29)

Es wird deutlich, dass die Ansprüche an den Lehrberuf hoch und komplex sind und an die Lehrkraft verschiedene Erwartungen gestellt werden.

Im Folgenden sollen nun die verschiedenen Rollen und die damit verbundenen Erwartungen an eine Lehrperson genauer betrachtet werden.

2.2 Die Lehrperson in verschiedenen Rollen

Die Lehrerrolle wird in Anlehnung an die soziologische Rollentheorie durch die Summe der öffentlichen Verhaltenserwartungen unterschiedlicher Bezugsgruppen definiert. Aufgrund heterogener, widersprüchlicher Erwartungen kann ein Intra-Rollenkonflikt entstehen (vgl. Rothland, 2013, S. 30). Dies bedeutet, dass nicht nur Schülerinnen und Schüler Erwartungen an die Lehrkräfte stellen, sondern auch die Eltern, das Lehrerkollegium, die Schulleitung, die Schulaufsicht und die Politik. Alle diese Bezugsgruppen richten Ansprüche an die Pädagoginnen und Pädagogen, sodass ihre Rolle schnell einen widersprüchlichen Charakter annehmen kann. So können die Erwartungen an die Lehrkraft seitens der Schülerinnen und Schüler den Erwartungen seitens der Kollegen oder Eltern widersprechen (vgl. Terhart, Bennewitz, & Rothland, 2014, S.948). Für die Schülerinnen und Schüler gilt die Lehrkraft als beratender und helfender Fachmann bzw. Fachfrau, welche fachlich kompetent unterrichtet, gut erklären kann und für Ordnung im Unterricht sorgt. Darüber hinaus ist ihnen eine gute und freundschaftliche Beziehung wichtig, in der sich die Lehrkraft fair und gerecht, freundlich, nett, kritikfähig sowie leitend aber auch teamfähig zeigt (vgl. ebd.). Im Hinblick auf die Erwartungen der Schülerinnen und Schüler an die Lehrkraft ergeben sich somit folgende Aufgaben: Unterrichten, Beraten, Helfen, Erziehen und Zusammenarbeiten. Eltern erwarten zusätzlich, dass die Lehrkraft die Rolle als Partner bzw. Ratgeberin übernimmt und neben der Wissensvermittlung und Förderung ihres Kindes auch eine Entlastung, sowie Verwahrung stattfindet. Schule bildet somit einen Ort der Vermittlung zwischen Familie und Gesellschaft (vgl. ebd.).

Während Kolleginnen und Kollegen ebenso Anteilnahme, Unterstützung, Entlastung, Hilfe und Kooperation sowie Solidarität erwarten, fordern Vorgesetzte eine Entwicklung und Legitimation der Schule, in der alles funktionieren soll. Gegenüber dem Kollegium übernimmt die Lehrkraft die Rolle des Mithelfers und Mitstreiters und gegenüber der Schulleitung die Rolle des Kontrolleurs, Organisators, Funktionsstelleninhabers, Imagepflegers, Schulentwicklers und Lernenden. Aufgaben wie Verwalten, Organisieren, Beaufsichtigen, Funktionsaufgaben übernehmen sowie Öffentlichkeitsarbeit betreiben zählen somit ebenso zum Beruf der Lehrkraft. Ein weiterer Erwartungsträger ist die Öffentlichkeit und die Politik, die sich zusätzlich Enkulturation (das Hineinwachsen des Einzelnen in die Kultur), Allokation (Zuweisung von finanziellen Mitteln), sowie Integration wünschen. Die Übernahme der Rollen des Schullaufbahnberaters, Berufsberaters, Verwahrers und Therapeuten kommen hinzu (Jung-Strauß, 2000). Die Erwartungen von Schülern, Eltern, Kollegen, Vorgesetzten und der Öffentlichkeit sind somit nicht nur vielfältig, sondern auch zum Teil widersprüchlich (vgl. Rothland, 2016, S.21). Da die Lehrperson gleichzeitig nicht alle Erwartungen erfüllen kann, muss diese sich situationsabhängig für die eine oder andere Rolle und Handlungsweise entscheiden. Dies deutet auf Antinomien im Lehrerhandeln hin.

2.3 Widersprüchlichkeiten im Lehrberuf

„Unter dem Begriff Antinomien können Spannungsverhältnisse gefasst werden, deren jeweils gegensätzliche Pole für sich genommen beide ihre Berechtigung haben, im Prinzip gleichwertig und jeweils anzustreben sind, aber aufgrund ihrer prinzipiellen Gegensätzlichkeit nicht beide gleichzeitig zur Anwendung kommen können und unter bestimmten Bedingungen unterschiedlich gewichtet werden (müssen)." (Rothland, 2013, S. 31).

Nach Helsper (2000) können fünf Antinomien des Lehrerhandelns unterschieden werden: Während eine affektive Nähe zur heranwachsenden Persönlichkeit erwartet wird, muss die Lehrkraft gleichzeitig professionell distanziert und neutral gegenüber seinen Schülerinnen und Schülern sein (Nähe-Distanz-Antinomie), fachwissenschaftlich, allgemeingültiges Wissen vermitteln, das ebenso alltagsnah und an die Lebenswelt der Schülerinnen und Schüler angepasst ist (Antinomie von Person und Sache). Dabei spielt einerseits die Gleichbehandlung (gerechte, gleichmäßige Förderung und Bewertung) eine wesentliche Rolle, andererseits sollen Schülerinnen und Schüler individuell gefördert und unterstützt werden. Eine verstärkte Förderung des Einen bedeutet weniger Zuwendungsmöglichkeiten für die Anderen

(Antinomie von Einheitlichkeit und Differenz). Formalisierte Muster (Stoffvertei-lungen, Unterrichtsrhythmus, Stundenpläne etc.) erschweren es den Lehrperso-nen, offen und individuell mit den Schülerinnen und Schülern zu interagieren (An-tinomie von Organisation und Interaktion). Als letzte Antinomie beschreibt Helsper das Spannungsverhältnis zwischen der Förderung lebenspraktischer Selbst- und Eigenständigkeit der Schülerinnen und Schüler bei gleichzeitiger Ab-hängigkeit und Unselbstständigkeit in der Schülerrolle (Antinomie von Autonomie und Heteronomie) (vgl. Helsper, 2000, S.142ff.).

Zusammenfassend lässt sich feststellen: Aufgrund der zahlreichen Widersprüche, Intra-Rollenkonflikte und gegensätzlichen Erwartungen ist eine zufriedenstellende Erfüllung aller Anforderungen und Aufgaben einer Lehrkraft nur schwer zu errei-chen, was signifikante Auswirkungen auf das Berufs- und Belastungserleben und somit auf die psychische Gesundheit der Lehrkräfte hat.

3 Theoretische Grundlagen zu Belastung, Stress und Beanspruchung

3.1 Definitionen

Die Begriffe ‚Belastung', ‚Beanspruchung' und ‚Stress' sind im alltäglichen Leben weit verbreitet, besonders mit Blick auf den Lehrberuf. Oft werden sie synonym verwendet und geläufig sind Aussagen wie ‚Ich bin im Stress' oder ‚Ich fühle mich unter Stress'. Somit drückt Stress sowohl mögliche Umweltanforderungen (Stressoren) oder Belastungen aus als auch die Beanspruchung, wenn die Stressoren die eigenen Ressourcen übersteigen (vgl. Rothland, 2013, S.44).

In der Arbeitswissenschaft wird Belastung „als objektive, von außen auf den Menschen einwirkende Größen und Faktoren wie etwa Lärm oder Hitze verstanden (Stressoren)." (Hillert & Marwitz, 2006, S. 144). Deren einhergehende subjektive, individuelle Verarbeitung des Organismus, wird als Beanspruchung bezeichnet (vgl. ebd.). Der Brockhaus bezieht dagegen die physische und psychische Ebene mit ein und folgert, dass Belastung eine „starke körperliche und seelische Beanspruchung durch anhaltende äußere oder innere Aktivität oder Reizeinwirkung" (Brockhaus, 2000, S.252) ist.

Detaillierter ist die Definition von Rudow, da dieser darüber hinaus zwischen drei Arten von Belastung unterscheidet: körperlicher (Anforderung an Muskelkraft und physiologische Regulationssysteme), psychischer (geistige Anforderungen) und sozialer (sozial-interaktive Anforderungen). Für die psychische Belastung und Beanspruchung haben sich nach Rudow folgende Definitionen durchgesetzt:

„Psychische Belastung: Die Gesamtheit aller erfassbaren Einflüsse, die von außen auf den Menschen zukommen und psychisch auf ihn wirken. Psychische Beanspruchung: Die zeitlich unmittelbare und nicht langfristige Auswirkung der psychischen Belastung auf die Einzelperson in Abhängigkeit von ihren eigenen habituellen und augenblicklichen Voraussetzungen einschließlich der individuellen Auseinandersetzungsstrategie" (Rudow, 2000, S. 36).

Wie anfangs schon erwähnt, wird jedoch auch der Begriff ‚Stress' für berufliche Belastungen verwendet. In der TV-Sendung „Quarks & Co" mit dem Titel „Der Lehrer-Das unbekannte Wesen" spricht der Moderator und Wissenschaftsjournalist Ranga Yogeshwar über die Belastung und Beanspruchung der Lehrkräfte und resümiert: „eines steht fest: Lehrer stehen unter Stress." (Quarks & co, 2012, 37:12). Doch was bedeutet dieser Begriff?

Stress ist ein nicht zwangsläufig auf den Beruf bezogenes Phänomen und wird in drei Perspektiven unterschieden:

1. Stress als personenseitige Reaktion auf Umwelteinflüsse (klassische Tradition von Selye)

2. Stress aufgrund eines Umweltreizes, der auf das Individuum einwirkt. Diese Umweltreize nennt man Stressfaktoren oder Stressoren (Tradition der Life-Event Forschung)

3. Stress als eine Interaktion zwischen Person und Umwelt, wobei ein Ereignis, die inneren oder äußeren (oder beide) Anforderungen an die Anpassungsfähigkeit eines Menschen beansprucht oder übersteigt (transaktionelles Stressmodell)

(Rothland, 2013, S. 55)

In einem Beispiel bezüglich Korrekturarbeiten unter Bedingungen wie Zeitdruck merkt Ulich an, dass Stress und psychische Belastung nur schwer voneinander abzugrenzen sind, da oftmals das Gefühl entsteht, der Anstrengung nicht gewachsen zu sein. Ein Übergang ist also fließend. Die Korrekturarbeiten wären in diesem Fall der Stressor, der nur zum Stress führt, wenn er die Anstrengung übersteigt (vgl. Ulich, 2011, S. 731).

Da die Belastungsforschung unterschiedliche theoretische Ansätze aufzeigt, entwickelte Rudow das Rahmenmodell der Belastung und Beanspruchung. Dieses und weitere Modelle zur Analyse von Belastungen im Lehrberuf sollen nun vorgestellt werden.

3.2 Belastungsmodelle

Belastungsmodelle dienen zum besseren Verständnis von ‚Belastung' und ‚Beanspruchung'. Im Rahmenmodell von Rudow werden Belastungen, Beanspruchungsreaktionen sowie deren Folgen und mögliche Beziehungen dargestellt. Dadurch werden Zusammenhänge zwischen den Tätigkeitsanforderungen, der Belastung, der Beanspruchung und den arbeitsbedingten Erkrankungen in der Lehrarbeit deutlich (vgl. Rudow, 2000, S. 129f.).

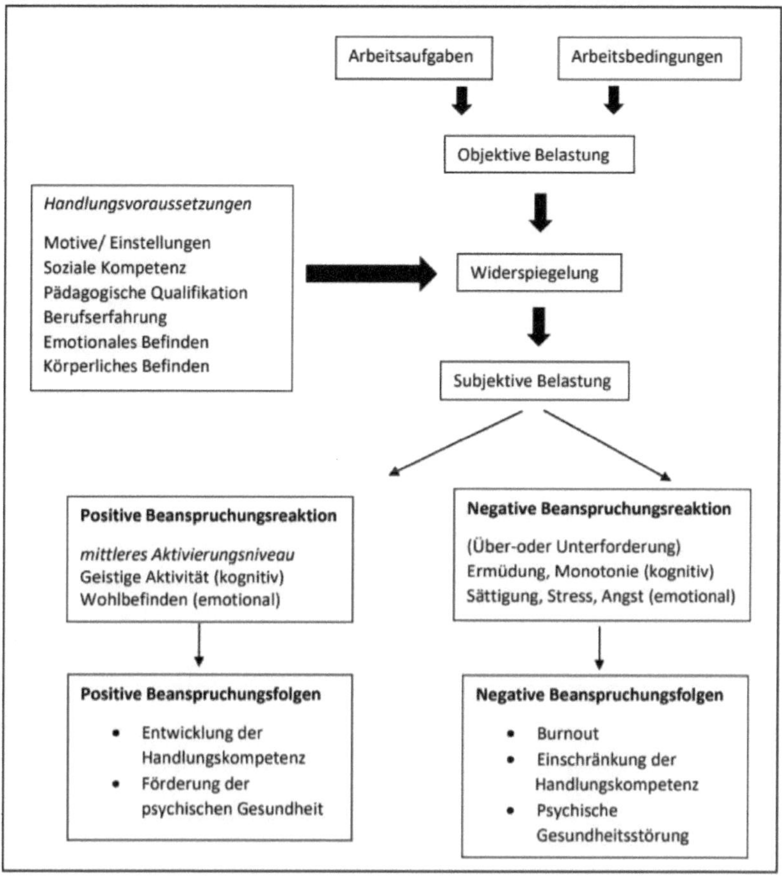

Abbildung 1: Rahmenmodell der Belastung und Beanspruchung (in Anlehnung an Rudow, 1994, S.43, 47, 50)

Wie in der Abbildung ersichtlich, unterscheidet Rudow zwischen objektiven und subjektiven Belastungen. ‚Objektive Belastungen' bezeichnet alle von der Lehrkraft unabhängigen Faktoren in der Tätigkeit (Arbeitsaufgaben) sowie die Arbeitsbedingungen (z. B. räumliche und materielle Ausstattung der Schule, Schülerzahlen etc.). Aus der Bewertung der objektiven Belastung entwickelt sich dann die subjektive Belastung (‚Widerspieglung'), die von Vorerfahrungen sowie von Attributionsstrukturen abhängig ist. Hierbei geht es um die Zuschreibung vermuteter Ursachen von Erfolgen und Misserfolgen. Während internal attribuierende Menschen den Erfolg dem eigenen Können und Wollen zuschreiben, begründen external attribuierende Menschen den Erfolg mit Zufall oder der Leichtigkeit einer Aufgabe. Darüber hinaus haben körperliche und psychische Handlungsvoraussetzungen, wie z. B. Kognition, Emotionen, Einstellungen und Motive, einen wesentlichen Einfluss auf den Prozess und das Ergebnis der Widerspiegelung. Besonders von Bedeutung sind Motive und Einstellungen zur Berufstätigkeit, die soziale Handlungskompetenz, die pädagogische Qualifikation, die Berufserfahrung, die psychovegetative Stabilität und die körperliche Leistungsfähigkeit. Empfindet eine Lehrkraft die Schwierigkeit der Aufgabe oder die Gefühle während der Aufgabenerfüllung als belastend, so wird von einer kognitiven oder emotionalen Belastung (subjektiv) gesprochen (vgl. Rudow, 2000, S.131). Je nach Wirksamkeit der Belastungsbewältigung treten Beanspruchungsreaktionen auf, die sich in psychische Anspannung und in somatische Veränderungen in verschiedenen Organen unterscheiden. Beanspruchungsreaktionen sind zeitlich begrenzte, reversible, psychophysische Phänomene, Belastungsfolgen hingegen überdauernde, chronische, bedingt reversible, psychophysische Erscheinungen. Des Weiteren differenziert Rudow zwischen positiven und negativen Beanspruchungsreaktionen. Fühlt sich die Lehrkraft wohl und bewertet die Herausforderung positiv, so wird sie emotionale Stabilität erlangen und sich wirksame Handlungsmuster aneignen. Bei einer negativen Beanspruchungsreaktion lassen sich oft psychische Ermüdung einhergehend mit einer Beeinträchtigung der psychischen Leistungsfähigkeit beobachten. Nicht selten kommt es zur psychischen Sättigung, da die psychophysische Aktivität herabgesetzt ist. Psychische Ermüdung kann zu psychischer Übermüdung und schließlich zum Burnout führen. Die pädagogische Handlungskompetenz ist eingeschränkt und verstärkt zusätzlich die negative Beanspruchungsreaktion (vgl. ebd.). Somit lässt sich feststellen, dass objektive Belastungsfaktoren einer Lehrkraft, aufgrund unterschiedlicher Persönlichkeitsstrukturen und unterschiedlicher Bewältigungsstrategien, nicht pauschal etwas über ihre psychische Belastung aussagen. Belastungsfaktoren können subjektiv belastend wahrgenommen werden, müssen jedoch aufgrund von Bewältigungsstrategien nicht zwingend zu negativen Beanspruchungsreaktionen führen. Diesbezüglich existieren weitere Modelle, die im Folgenden betrachtet werden.

Bei dem ‚Reiz- oder situationsbezogenen Modell' gelten als objektive Belastungsfaktoren Situations- oder Reizmerkmale, welche bestimmte Funktionsstörungen des Organismus auslösen können. Auf diesem Konzept basieren z. B. viele Studien, bei denen Lehrkräfte vorgegebene Belastungsfaktoren nach dem Belastungsgrad einschätzen müssen. Rudow merkt kritisch an, dass Sachverhalte oder Belastungsfaktoren teilweise willkürlich für eine Einschätzung ausgewählt und einzelne

Belastungen unsystematisch erfasst werden (vgl. Rudow, 2000, S.130). Ein weiteres Modell ist das ‚Reaktionsbezogene Modell', bei dem situations- und personenunabhängige Reizmuster, Rückschlüsse auf Belastungsfaktoren geben. Bestimmte Reaktionsmuster des Organismus stellen einen Indikator für Beanspruchungsreaktionen wie z. B. Stress dar, unabhängig vom auslösenden Reiz. Diese Beanspruchungsreaktionen ergeben sich jedoch lediglich aus der Summe der Bewertungen unterschiedlicher Belastungsfaktoren und sind somit wenig hilfreich bei der Bestimmung von Belastungsfaktoren (vgl. Grimm, 1993, S. 25). Bei dem ‚Modell der Mehrfachbelastung' wirken dauerhaft, gleichzeitig mehrere, verschiedene Belastungsfaktoren auf die Lehrkraft ein. Dabei bedeutet ‚dauerhaft' nicht, dass die Kombination der Belastungsfaktoren ständig bestehen muss, sie muss jedoch wiederholt mit ähnlicher Intensität und Dauer auftreten (vgl. Rudow, 1994, S. 76). Dies kann z. B. eine Kombination aus Handlungsanforderung (Arbeitsaufgaben), Regulationshindernissen (Probleme bei Aufgabenerfüllung) und dem Handlungsspielraum sein. Verstärken sich einzelne Faktoren gegenseitig in ihrer Wirkung, handelt es sich um eine multiplikative Verknüpfung der Belastungsfaktoren, die psychosoziale Gesundheit der betroffenen Person beeinträchtigt. Eine wichtige Komponente des Belastungserlebens ist bei dem ‚relationalen Modell' die Wahrnehmung und Bewertung der Situation durch die Person. Folglich steht die Person-Umwelt-Interaktion im Mittelpunkt. Das Modell erklärt, warum verschiedene Personen auf denselben Reiz unterschiedlich reagieren. So wird eine Situation nur bei den Personen bedrohlich erlebt, die persönliche geringe Handlungsmöglichkeiten besitzen und die Situation somit als schwierig einschätzen (Tameling, 2014). Dieses Modell beruht auf der kognitiv-transaktionalen Stresstheorie von Lazarus, dem ‚transaktionalen Stressmodell'. Es liegt dem Verständnis zugrunde, dass Stress das Ergebnis einer Transaktion zwischen der Umwelt und der Person ist, wobei ein bestimmtes Ereignis die adaptiven Mittel dieser Person übersteigen. Entscheidend ist hier also die Beziehung zwischen der Person und der Umwelt, die durch kognitive Bewertungsprozesse beeinflusst wird.

Lazarus unterscheidet drei Formen der Bewertung: die primäre Bewertung, die sekundäre Bewertung und die Neubewertung (Rothland, 2013, S.47).

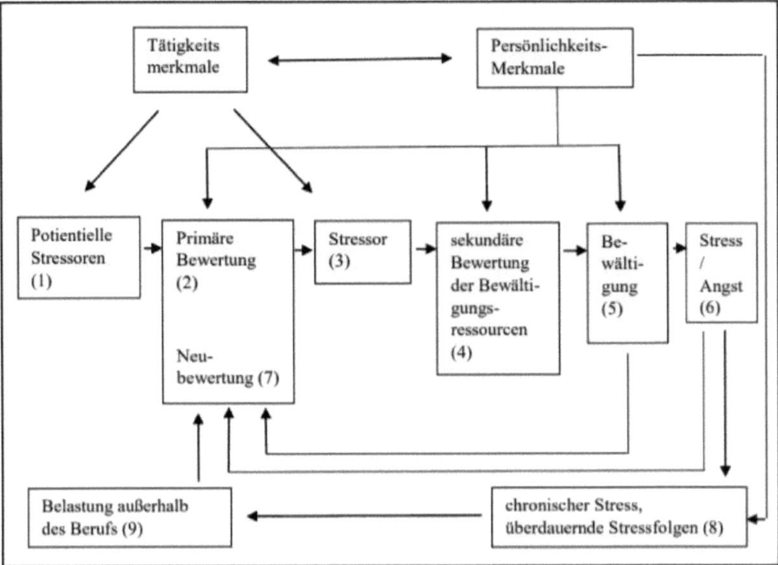

Abbildung 2: Das transaktionale Stressmodell (vgl. Rothland, 2013, S.47)

Die dargestellten Modelle zur Analyse von Belastung und Beanspruchung zeigen nur einen Ausschnitt vielfältiger Analysemethoden und betrachten Belastungssituationen von unterschiedlichen Seiten. Die Lehrarbeit ist sehr komplex und es bedarf verschiedener Methoden, um Belastungssituationen genauer zu erfassen.

Im nächsten Abschnitt sollen nun die Belastungssituationen einer Lehrkraft genauer beleuchtet und die verschiedenen Belastungsfaktoren betrachtet werden.

4 Befragungs- und Untersuchungsbefunde zu Belastungsfaktoren in der Lehrarbeit

4.1 Allgemeine Belastungen im Lehralltag

Diverse Studien zur Lehrerbelastung lassen erkennen, dass die Anforderungen und Belastungen der Lehrkräfte enorm sind und sich in den letzten Jahrzehnten deutlich verschärft haben. Unter dem Gesichtspunkt der psychischen Gesundheit werden Lehrerinnen und Lehrer mittlerweile als ‚Risikopopulation' bezeichnet (Schaarschmidt, 2004, S. 19). Verhaltensauffällige Schülerinnen und Schüler, sinkende Lernmotivation, hoher Lärmpegel sowie dürftige Sanktionsmöglichkeiten sind oftmals Auslöser für Stressmomente. Uwe Schaarschmidt und Bianca Ksienzyk fanden in einer Studie heraus, dass sich länder- und schulformübergreifend drei zentrale Belastungsfaktoren im Lehrerberuf feststellen ließen: „das Verhalten schwieriger Schüler, die Klassenstärke und die Anzahl der zu unterrichtenden Stunden" (Schaarschmidt, 2004, S. 72). Diese Faktoren sind eng miteinander verzahnt. Wächst das störende Verhalten von Schülerinnen und Schülern an, so wird die hohe Klassenstärke in jeder Unterrichtsstunde zur Belastung, die sich wiederum addiert durch die hohe Zahl der zu unterrichtenden Stunden (vgl. ebd.). Im Hinblick auf das transaktionale Stressmodell fehlen dann oftmals relevante Persönlichkeitsmerkmale wie Frustrationstoleranz oder Fähigkeiten wie Problemverarbeitung. Der Erlanger Arbeitsmediziner Weber meint, dass Lehrkräfte sich durch eine permanente Präsenz in der Klasse im ständigen Fokus befinden und der verbreiteten Lustlosigkeit und Widerspenstigkeit vieler Schülerinnen und Schüler ausgesetzt sind. Weitere belastende Faktoren seien „zu viel Bürokratie", „schlechtes Image der Lehrerschaft", „mangelnde Erziehungsbereitschaft der Eltern", „ständige Leistungsbewertung", „mangelnde Aufstiegsmöglichkeiten", „starre Stundenpläne", „ständiges Reden", „stundenlanges Stehen", „unfreundliche Schulhäuser/ Schulzimmer" sowie „Einsamkeit im Kollegium" (Realschullehrerverband, 2003, S.13). Als Hauptbelastungsquelle spricht Hiller vom Unterricht selbst, der durch das Verhalten der Schülerinnen und Schüler beeinträchtigt wird. Problematisches Lernverhalten einhergehend mit mangelnder Motivation und Konzentration, geringe Mitarbeit im Unterricht, unzureichende Vor- und Nachbereitung, gestörtes Sozialverhalten sowie Disziplinprobleme und Konflikte, aber auch die Heterogenität in den Klassen werden von Lehrerinnen und Lehrern als sehr belastend erlebt (vgl. Hillert & Schmitz, 2004, S. 44).

Die Ursachen für diese Belastungsmomente lassen sich in der gravierenden Veränderung des inner- sowie außerschulischen Umfelds feststellen. Neue Anforderungen sind entstanden und es werden neue Erwartungen an Schule und Lehrkräfte gerichtet (vgl. Klippert, 2007, S. 28).

4.2 Lehren und Lernen im Umbruch

Im letzten Abschnitt wurden bereits viele Belastungen in der alltäglichen Unterrichtsarbeit genannt. Während bis vor wenigen Jahren den Lehrplänen große Beachtung geschenkt wurde, um die ausgewiesenen Lerninhalte und Lernziele akribisch umzusetzen, werden unter dem Einfluss von PISA für einen Paradigmenwechsel nun folgende Punkte eingefordert:

- neue Bildungsstandards
- neue Prüfungsverfahren
- neue Rahmenlehrpläne
- Vergleichsarbeiten
- Fördern in der Ganztagsschule
- Einsatz neuer Medien
- Qualitätsprogramme
- Lehrerkooperation
- neue Formen der Elternarbeit

(vgl. Klippert, 2007, S. 29)

Neben der Vermittlung fachspezifischer Kompetenzen sind die Anforderungen an die Lehrerschaft vielfältig: Sie sollen die Schülerinnen und Schüler zu eigenverantwortlichem Arbeiten und Lernen befähigen und durch gezielte Fördermaßnahmen Lernkompetenzen vermitteln. Lehrkräfte bilden hinsichtlich methodischer, kommunikativer und teamspezifischer Fähig- und Fertigkeiten aus, wobei sie Erkenntnisse der Lern- und Gehirnforschung berücksichtigen und unterrichtliche Lernprozesse entsprechend organisieren und moderieren müssen. Es soll die Leseleistung der Schülerschaft verbessert, methodisch variabel und kreativ unterrichtet und mit stark leistungs- und verhaltensheterogenen Gruppen gerecht umgegangen werden sowie ein zunehmender Einsatz von neuen Medien erfolgen. Des Weiteren sollen Prüfungs- und Bewertungsverfahren zielführend umgestellt und Programme zur systematischen Steigerung der Unterrichtsqualität entwickelt werden. Lehrerinnen und Lehrer werden demnach nicht als ‚Stundenhalter' verstanden, sondern zugleich als verantwortliche Schul- und Unterrichtsentwickelnde sowie Förderer/Förderin und Berater/in der Schülerschaft. Im Bereich des Schulmanagements wird eine ‚selbstständige Schule' erwartet, die organisatorische, personelle und finanzielle Belange der Einzelschule zunehmend schulintern regelt, was vermehrte Konferenzen und Meetings zur Folge hat und zusätzlich Zeit und Energie fordert. Es findet ein Wechsel von der Fremd- zur Selbstverwaltung statt, da Lehrerinnen und Lehrer zahlreiche Aufgaben übernehmen müssen, die traditionell Sache von Schulaufsicht, Schulträgern, Lehrplankommissionen oder sonstigen Gremien waren. Unabdingbar dafür ist eine Arbeitsteilung durch offensive Kooperation in Klassen-, Fach- und/oder Jahrgangsebenen, aber auch mit der Schulleitung und Elternschaft (vgl. Klippert, 2007, S.30).

4.3 Ausgeprägte Arbeitsverlagerung

Schule ist mehr als Unterricht. Lediglich 40% der Arbeitszeit macht die bloße Unterrichtstätigkeit einer Lehrkraft aus. Aufgaben wie Vor- und Nachbereitung des Unterrichts, Korrekturen, Prüfungen, Leitungs- und Verwaltungsaufgaben, Teilnahme an Konferenzen sowie die Beratung von Schülerinnen und Schülern fallen in die unterrichtsfreie Zeit (vgl. Bründel, 2014, S. 35). Klemm untersuchte die Arbeitszeitbelastung in unterschiedlichen Schulformen und fand Folgendes heraus:

Bereich	1	3	2	4	5
Unterricht	39	32	31	36	37
Unterrichtsbezogene Aufgaben	27	37	32	33	29
Außerunterrichtliche Aufgaben	18	16	22	15	19
Entwicklungs- und Koordinierungsaufgaben	1	1	2	2	1
Verwaltungs-und Führungsaufgaben	9	5	6	6	8
Lehreraus-, Fort- und Weiterbildung	1	2	1	1	1
Eigene Fort- und Weiterbildung	5	8	7	7	5
Jahresarbeitszeit in Std	1750	1900	1976	1839	1828

1= Grundschule; 2=Gymnasium; 3= Gesamtschule; 4= Berufsschule; 5= Sonderschule

Tabelle 1: Lehrerarbeitszeit nach Schulformen und Arbeitsbereichen in Prozent (vgl. Klemm, 2006, S. 713).

Aufgrund der Zielsetzung der aktuellen Strukturreformen (‚selbstständige Schule‘ etc.) entstand ein hoher Planungs-, Konferenz-, Vorbereitungs-, Koordinations- und Evaluationsaufwand, nicht nur für einzelne Lehrkräfte, sondern auch für schulinterne Jahrgangsteams, Fachteams und pädagogische Führungskräfte. Um die Qualität der Schulabschlüsse zu verbessern, sowie Rückstellungs-, Wiederholer- und Abgängerquoten zu senken, wird die Lehrerschaft in Niedersachen und Nordrhein-Westfalen zur Erstellung eines neuen Schulprogramms verpflichtet, das die Weiterentwicklung ihrer Unterrichts- und Erziehungsarbeit sowie Konzepte zur Unterrichtsvertretung, zur Förderung der Schülerinnen und Schüler, zur Personalentwicklung und zur Fortbildung beinhaltet. Überprüft wird dies durch Selbstevaluation sowie Inspektion von außen, um Verbesserungsmaßnahmen einleiten zu können (vgl. Bildungsministerium Niedersachsen, 2002, S. 3). Die Schulleitungen tragen dabei die Hauptverantwortung für die Entwicklung zukunftsweisender Schulprogramme und Leitbilder sowie deren konsequente Implementierung. Darüber hinaus sollen sie Personalentwicklung betreiben, Unterrichtsausfälle verhindern, Ressourcen bündeln, geordnete Budgets vorweisen, Kosten-Nutzen-Rechnungen anstellen, zusätzliche Mittel eintreiben, Honorarkräfte einstellen, Stellenpläne bewirtschaften, Mitarbeiter und Mitarbeiterinnen beurteilen sowie Zielvereinbarungen abschließen. Zu den weiteren Aufgaben zählen: Eltern- und Öffentlichkeitsarbeit, differenzierte Berichterstattung, Umsetzung von Reformvorgaben, Motivation des Kollegiums, Initiierung von Förderprogrammen, Realisierung des pädagogischen Profils, Kooperation mit Behörden und Schulträgern, Bildung regionaler Netzwerke, Sicherung von Demokratie in der Schule sowie Praktizierung partizipativer Verfahrensweisen (vgl. Klippert, 2007, S. 31).

Insgesamt lässt sich feststellen, dass Arbeitsaufgaben, die bis dato von Schulaufsicht und Schulträgern übernommen wurden, nun von Einzelakteuren in der Schule erledigt werden müssen, wobei gleichzeitig Gehälter gekürzt, Klassenstärken vergrößert, Sachmittel reduziert und die Wochenarbeitszeit verlängert wurden. Folglich erhöht sich die Belastung und Beanspruchung einer Lehrkraft bzw. Schulleitung im Schulwesen (vgl. ebd.).

Aber es gibt auch noch andere Gründe, die aufgrund des laufenden Reformprozesses zu Belastungen führen.

4.4 Druck von außen und oben

Ein weiterer Belastungsfaktor ist der Erwartungsdruck auf Lehrkräfte und Schulleitungen seitens der Bildungsbehörden, Eltern und Betriebe. Nicht nur durch administrative Vorgaben wie Erlasse, Lehrpläne, Richtlinien, Verwaltungsvorschriften oder neue Gesetze, sondern auch durch verschiedene Schulvergleiche. Eltern und Betriebe erheben ebenso neue Ansprüche, aufgrund der aktuellen Modernisierungstrends in Wirtschaft, Gesellschaft und Beruf, und so sollen die Lehrkräfte effektiver unterrichten, aber auch gleichzeitig kompensatorische Erziehung leisten. Während Schlüsselqualifikationen vermittelt werden sollen, muss die individuelle Förderarbeit sichergestellt und Bildungspläne umgesetzt werden. Hinzu kommen die Realisierung der Schulautonomie, das Betreiben von ‚Fundraising', sowie das Managen des Schulbetriebes nach neuen Kriterien (vgl. Klippert, 2007, S. 35). Seitens der Bildungspolitik werden u. a. bessere PISA- Ergebnisse, mehr Vergleichsarbeiten, neue Prüfungsverfahren, Kostenminimierung, erfolgreiche externe Evaluationen/Inspektionen, individuelle Förderung der Schülerschaft, Verbesserung der Lernberatung sowie mehr Wettbewerb unter den Schulen gefordert. Eltern, die oft als ‚hilflose Erziehende' wahrgenommen werden können, wünschen hingegen eine fachliche Ausbildung ihrer Kinder sowie Lernfortschritte hinsichtlich des Arbeits- und Sozialverhaltens und üben teilweise in Elternversammlungen oder Sprechtagen mittels Drohungen oder juristischen Interventionen starken Druck auf die Lehrerschaft aus. In der betrieblichen Berufs- und Arbeitswelt werden selbstständige, verantwortungsbewusste Jugendliche mit Fach-, Methoden- und Sozialkompetenz erwartet, die Eigeninitiative zeigen und Probleme lösen (vgl. ebd.). Daraus ableitend befinden sich viele Schulen in einer Dilemmasituation und das Lehrpersonal aufgrund der verschiedenen Erwartungen unter ständigem Belastungsdruck.

4.5 Störendes Verhalten von Schülerinnen und Schülern

Ein weiterer exogener Belastungsfaktor für Lehrerinnen und Lehrer ist der Anteil der verhaltensgestörten Schülerinnen und Schüler in den Klassen, der sich unter anderem durch destruktives Verhalten bemerkbar macht. Hierzu zählen Arbeitsverweigerung, Hyperaktivität, Konzentrationsmangel, Desinteresse, Passivität sowie unsoziales Verhalten gegenüber Klassenkameraden und Lehrkräften, was die Durchführung eines qualitativen Unterrichts enorm behindert (vgl. Hillert & Schmitz, 2004, S. 25). Lehrkräfte berichten zunehmend von Privatgesprächen im Unterricht, Langeweile und Provokationen durch das Missachten elementarer Melde- und Gesprächsregeln, unangebrachtes Herumlaufen im Klassenraum, sowie

Verweigern der Unterrichts- und Hausaufgaben (vgl. Nolting, 2002, S. 81f.). Lohmann unterscheidet beim störenden Schülerverhalten vier Kategorien:

- verbales Störverhalten: Zwischenrufe, Fäkalsprache und Beleidigungen
- mangelnder Lerneifer: geistige Abwesenheit, Desinteresse, Unaufmerksamkeit, Arbeitsverweigerung
- motorische Unruhe: Herumzappeln, Herumlaufen im Klassenraum, Kippeln mit dem Stuhl
- aggressives Verhalten: Wutausbrüche, Angriffe auf Personen, Sachbeschädigungen

(Lohmann, 2003, S. 13f.)

Forschungsergebnisse zeigen, dass das Lehrpersonal die Ursachen für die Verhaltensstörungen vor allem im außerschulischen Bereich der Schülerschaft wie z. B. durch problematische Familienverhältnisse (Scheidung, Arbeitslosigkeit etc.), unzureichende familiäre Erziehungsweisen (Verwöhnung, Vernachlässigung) und übermäßigem Medienkonsum sehen. Allerdings sollte die Störprävention auch auf Lehrerseite ansetzen, da ebenso das Interaktionsverhalten mancher Lehrkräfte sowie ein schülerferner Unterricht Auslöser sein können (vgl. Klippert, 2007, S. 45).

4.6 Individueller Perfektionismus und mangelnde Arbeitsökonomie

Ursache weiterer Belastungen sind perfektionistische Erwartungen und Ansprüche der Lehrkräfte an sich selbst. Individueller Perfektionismus einhergehend mit eigener oder fremder Unzulänglichkeit sind oft der Grund für wiederholte Enttäuschungen und Misserfolge. So fand Schaarschmidt heraus, dass 30% der Lehrerschaft sich in hohem Maß engagieren, hohe Verantwortungsbereitschaft besitzen und alles perfekt machen möchten, ihnen jedoch die Distanzierungsfähigkeit bei Problemen und Misserfolgen in Schule und Unterricht fehlt (vgl. Schaarschmidt, 2004, S. 141). Des Weiteren werden von den Schülerinnen und Schülern eine perfekte Heftführung, fehlerfreie Klassenarbeiten sowie Hausaufgaben erwartet. Lernumwege, Improvisationen oder experimentelles Denken haben wenig Raum, auf Fehlervermeidung wird sehr viel Wert gelegt bzw. werden fehlerhafte Antworten der Schülerinnen und Schüler negativ bewertet oder sogar übergangen (Bund-Länder-Kommission, 1997). Aufgrund der Perfektion fehlen dann im Schulalltag Toleranz, Geduld, Vertrauen und Risikobereitschaft seitens der Lehrerinnen und Lehrer. Aber nicht nur das Perfektionsstreben stellt einen endogenen Belastungsfaktor dar, sondern auch unzureichende Arbeits- und Zeitökonomie für das Erledigen der

Planungs-, Vorbereitungs-, Nachbereitungs- und Korrekturaufgaben. Da es feste Zeit- und Arbeitsstrukturen nur während der obligatorischen Unterrichtszeit gibt, besitzen Lehrkräfte ein hohes Maß an Zeitautonomie. Wann welche Arbeiten geschrieben und kontrolliert werden, wird immer wieder neu entschieden. Vor- und Nachbereitung des Unterrichts erledigt ein Großteil der Lehrkräfte zu Hause, egal ob am Nachmittag, Abend, an Werktagen oder Wochenenden, was oftmals lästig und aufreibend sein kann. Eine fehlende Arbeitsdisziplin führt zu einem Gefühl ‚nie fertig zu sein' sowie zu innerer Zerrissenheit und Unzufriedenheit (vgl. Klippert, 2007, S. 48). In einer Untersuchung gaben mehr als die Hälfte der befragten Lehrkräfte an, dass sie berufliche Aufgaben in der Freizeit erledigen, was vor allem Stress und Überforderung auslöst. Besonders stressig ist das Korrigieren von Klassenarbeiten, Hausaufgaben und sonstigen Leistungsnachweisen, da oftmals mehrere Korrekturversuche gestartet und dann auch wieder in Frage gestellt werden, da Kriterien kurzfristig immer wieder modifiziert werden (vgl. ebd.).

4.7 Strapaziöses Helfersyndrom

Viele Lehrkräfte haben ihren Beruf u. a. aufgrund eines pädagogischen Helfersyndroms ausgewählt. Sie haben den Anspruch, zerrüttete Familienverhältnisse oder sonstige negative Sozialisationseinflüsse und Beeinträchtigungen kompensieren zu wollen, wobei die Pluralisierung der Lebens- und Familienverhältnisse, die zunehmende Liberalisierung der familiären Erziehungsstile, die Auflösung traditioneller Normen und Werte, die wachsende soziale und emotionale Verwahrlosung oder Gewalt an Kindern in Familie und Gesellschaft, aber auch der Einfluss der Konsum- und Mediengesellschaft außerhalb des pädagogischen Zugriffs liegen (vgl. KMK-Kommission, 2000, S. 34f.). Dies fällt jedoch vielen Lehrkräften schwer und sie werden zu ‚hilflosen Helfenden', die ihr soziales Gewissen befriedigen, aber physisch sowie psychisch zusätzlich belastet sind. Natürlich sollte sich das Lehrpersonal für die Lebensumstände ihrer Schülerinnen und Schüler interessieren, den Elternkontakt pflegen sowie Vorbild und Autorität in der Schule sein jedoch mit begrenzter Fürsorglichkeit, um eine profilierte, engagierte und adressgerechte ‚Hilfe zur Selbsthilfe' leisten zu können. Diese Unterstützung zur Selbsthilfe fördert Eigeninitiative, Kreativität, Selbstbewusstsein sowie nachhaltige Lernkompetenz und Lernmotivation in der Schülerschaft und befähigt sie zur eigenständigen Problemlösung (vgl. Klippert, 2007, S. 50).

4.8 Unzulängliche Teamfähigkeit

In Fach- oder Jahrgangsgruppen sowie in anderen Kooperationszusammenhängen wird immer wieder deutlich, dass in Lehrerkollegien eine mangelnde Teamfähigkeit vorherrscht. Viele Pädagoginnen und Pädagogen sehen sich als Einzelkämpfer, die allein in der Klasse stehen, bei der Unterrichtsvor- sowie Nachbereitung allein auf sich gestellt sind und auftretende Probleme mit Eltern oder Behörden allein lösen müssen (vgl. ebd.). Miller stellte fest, dass viele Lehrerinnen und Lehrer Kooperationen als lästige Pflicht oder Zeitverschwendung betrachten und ihnen der Gedanke, konstruktive Zusammenarbeit könnte Entlastung bedeuten, fremd ist. (Miller, 2001). Gründe dafür sind häufig Diskussionen und Kontroversen ohne Ende aufgrund eines Mangels an Kompromissbereitschaft, stringenter Gesprächsleitung und Prozessmoderation. Anstatt zu kooperieren, arbeiten einige gegeneinander oder aneinander vorbei, was ebenso zu starker Belastung führen kann.

4.9 AVEM- Belastungsstudie

In einer Untersuchung im Jahre 2004 hat sich Schaarschmidt mit dem Thema ‚Belastung in der Schule' auseinandergesetzt. An seiner Studie nahmen 7700 Lehrpersonen aus elf deutschen Bundesländern teil sowie Lehrerinnen und Lehrer aus Österreich, England, Russland, Polen und Tschechien. Darüber hinaus befragte Schaarschmidt Schulleitungen, Referendare und Studierende des Lehramtes in Deutschland. Zum Vergleich zog er Befragungen von Pflegekräften aus Krankenhäusern, Beschäftigten des Strafvollzuges, der Polizei sowie der Feuerwehr hinzu und wertete insgesamt Befragungsergebnisse von 17000 Personen aus (vgl. Schaarschmidt, 2004, S.21ff.). Grundlage für diese Studie ist das diagnostische Instrument AVEM (Arbeitsbezogenes Verhaltens- und Erlebnismuster), bestehend aus elf AVEM-Dimensionen, geteilt in drei inhaltliche Bereiche: Arbeitsengagement (Dimension 1 bis 5), Widerstandskraft (Dimension 5 bis 8) sowie Emotionen (Dimensionen 9 bis 11):

Bedeutsamkeit der Arbeit	Stellenwert der Arbeit im persönlichen Leben Beispiel: Die Arbeit ist für mich der wichtigste Lebensinhalt.
Beruflicher Ehrgeiz	Streben nach Zielen und Weiterkommen im Beruf Beispiel: Ich möchte beruflich weiterkommen, als es die meisten meiner Bekannten geschafft haben.

Verausgabungsbereitschaft	Bereitschaft, die persönliche Kraft für die Erfüllung der Arbeitsaufgabe einzusetzen Beispiel: Wenn es sein muss, arbeite ich bis zur Erschöpfung.
Perfektionsstreben	Anspruch bezüglich Güte und Zuverlässigkeit der eigenen Arbeitsleistung. Beispiel: Was immer ich tue, es muss perfekt sein.
Distanzierungsfähigkeit	Fähigkeit zur psychischen Erholung von der Arbeit Beispiel: Nach der Arbeit kann ich ohne Probleme abschalten.
Resignationstendenz bei Misserfolgen	Neigung, sich mit Misserfolgen abzufinden und leicht aufzugeben. Beispiel: Wenn ich keinen Erfolg habe, resigniere ich schnell.
Offensive Problembewältigung	Aktive und optimistische Haltung gegenüber Herausforderungen und auftretenden Problemen Beispiel: Für mich sind Schwierigkeiten dazu da, dass ich sie überwinde.
Innere Ruhe und Ausgeglichenheit	Erleben psychischer Stabilität und inneren Gleichgewichts Beispiel: Mich bringt so leicht nichts aus der Ruhe.
Erfolgserleben im Beruf	Zufriedenheit mit dem beruflich Erreichten Beispiel: Mein bisheriges Berufsleben war recht erfolgreich.
Lebenszufriedenheit	Zufriedenheit mit der gesamten, auch über die Arbeit hinausgehenden Lebenssituation Beispiel: Im Großen und Ganzen bin ich glücklich und zufrieden.
Erleben sozialer Unterstützung	Vertrauen in die Unterstützung durch nahestehende Menschen, Gefühl der sozialen Geborgenheit Beispiel: Wenn ich mal Rat und Hilfe brauche, ist immer jemand da.

Tabelle 2: Die AVEM-Dimensionen (Schaarschmidt, 2004, S. 23).

Ziel war es, individuelle Verarbeitungs- und Bewältigungsstile der Lehrpersonen, sowie deren interne und externe Ressourcen und mittelfristige Einstellungen gegenüber dem Arbeitsleben zu identifizieren (vgl. ebd.). Dabei stellten sich vier relativ stabile Hauptmuster heraus, die meist in Kombination bei den Personen auftraten:

‚Muster G' zeichnet sich durch hohes, berufliches Engagement, eine ausgeprägte Widerstandsfähigkeit gegenüber Belastungen, ein positives Lebensgefühl trotz hohem Engagement sowie gut erhaltene Distanzierungsfähigkeit aus. Aufgrund dessen gilt dieses Muster als ‚Gesundheitsmuster', da es ein gesundheitsförderliches Verhältnis zur Arbeit aufweist. Lehrpersonen mit einer ausgeprägten Schonungstendenz hinsichtlich beruflicher Anforderungen, die gegenüber eigenen sowie fremden Ressourcen ein Problemverhalten aufweisen, werden dem ‚Muster S' zugeordnet. Sie zeigen die stärkste Distanzierungsfähigkeit sowie die geringste Ausprägung hinsichtlich des beruflichen Ehrgeizes und der Verausgabungsbereitschaft. Das dritte Muster ist das ‚Risikomuster A', das sich durch überhöhtes Engagement (Selbstüberforderung) bei verminderter Widerstandsfähigkeit und eher eingeschränktem Lebensgefühl (negative Emotionen) erkennen lässt. Die Arbeit hat einen sehr hohen Stellenwert, es existiert eine hohe Verausgabungsbereitschaft und ein hohes Perfektionsstreben. Ganz anders ist dies bei ‚Risikomuster B', da dieses sich auszeichnet durch eine hohe Resignationstendenz und deutlich verminderte Belastbarkeit (wenig offensive Problembewältigung), einhergehend mit reduziertem Arbeitsengagement, wenig innerer Ruhe und Ausgeglichenheit, ausbleibendem Erfolgserleben im Beruf sowie einen Mangel an genereller Lebenszufriedenheit.

Im Gegensatz zum ‚Muster S' lässt sich zum verminderten Engagement gleichzeitig eine eingeschränkte Distanzierungsfähigkeit, Resignation sowie Motivationseinschränkungen feststellen. Teile des Musters entsprechen dem Bild des Burnout-Syndroms (vgl. ebd.).

Wesentliche Resultate der Studie sind folgende:

Aufgrund sehr hohen sozial-kommunikativen, emotionalen und motivationalen Anforderungen, die zudem komplex, widersprüchlich und teilweise schwer erfüllbar sind, ist der Lehrberuf einer der anstrengendsten Berufe. Dabei spielen Gedanken und Gefühle, die aus zwischenmenschlichen Begegnungen entstehen, eine wesentliche Rolle, da diese den Menschen intensiver und nachhaltiger beschäftigen als Gefühle aus sachbezogenen Interaktionen. So ergaben sich folgende Ergebnisse: 17 % der Lehrpersonen waren gesund (Muster G), 23 % Schoner (Muster S), 30 % waren gefährdet (Risikomuster A), 29 % stark gefährdet (Risikomuster B). Somit waren knapp 60 % der Pädagogen in der Schule in einem Leidens- und gesundheitsgefährdenden Zustand. Alle Personen, die nicht das Muster G aufwiesen, zeigten durchaus positive berufsbezogene Haltensweisen: eine angemessene Verausgabungsbereitschaft (Risikomuster A) ermöglichte Engagement und Weiterentwicklung. Eine hohe Distanzierungsfähigkeit (Muster S) ging einher mit unkoordiniertem Aktivismus und schütze daher vor Resignation und Überforderung. In allen Schultypen (mit nur leichten regionalen Unterschieden) bestand eine problematische Musterkonstellation, besonders bei Teilzeitbeschäftigten. Darüber hinaus korrelierten die ungünstigen AVEM-Ergebnisse, besonders in beiden Risikomustern, mit körperlich-funktionellen Beschwerden: Abgespanntheit, Übermüdung, Erschöpfung, Nervosität, Kopfschmerzen, Überforderungserleben, Nacken- und Rückenschmerzen, Beschwerden des Verdauungssystems sowie psychische Beeinträchtigungen. Im Vergleich zu kleinen Schulen ließ sich eine höhere Belastung an großen Schulen mit mehr als 26 Klassen feststellen, wobei Frauen sich höher belastet fühlten als Männer. Bei Berufseinsteigern fiel der Anteil des Musters G innerhalb von 5 Jahren von 29 % auf   16 %. Ein weiterer Unterschied wurde zwischen dem Lehrpersonal an Haupt- und Förderschulen sowie Gymnasien festgestellt, da an Gymnasien von einer geringeren Belastung berichtet wurde. Aufgrund defizitärer Arbeitsbedingungen in der Lehrerschaft fordert Schaarschmidt: eine Entlastung des Lehrpersonals durch den Einsatz von systematischen Erziehungs- und Beratungstätigkeiten, eine qualifizierte Vorschulerziehung, sowie angepasste Elternkurse und Weiterbildungen (vgl. Schaarschmidt, 2004, S.42ff.).

Laut dem Bundesministerium des Inneren bilden Erkrankungen aus dem Bereich ‚psychische und psychosomatische Erkrankungen sowie Verhaltensstörungen' mit über 50 % den mit Abstand häufigsten Grund für eine krankheitsbedingte Dienstunfähigkeit. Vor allem bei Lehrpersonen mit dem Risikomuster B (29 %) wurde das Burnout-Syndrom diagnostiziert. Im Vergleich zu anderen Berufsgruppen weist die Lehrtätigkeit eins der höchsten Risiken auf, an Burnout zu erkranken (vgl. Körner S. , 2003, S. 84). Im Folgenden wird diese Krankheit nun näher beleuchtet.

5 Das Burnout-Syndrom

5.1 Begriffsklärung Burnout

Der Begriff ‚Burnout‘ (deutsch: ‚ausbrennen‘) wurde erstmals von dem Psychoanalytiker Herbert Freudenberger (1974) als emotionaler Zustand definiert, der durch übermäßigen Stress ausgelöst wird und mit verminderter Motivation, Antriebslosigkeit sowie Einstellungs- und Verhaltensänderungen einhergeht. Besonders bei engagierten Personen aus helfenden Berufen (Lehrpersonal, Krankenpflegepersonal, Sozialarbeiter/in etc.) können Gefühle von Resignation und Leere, Erschöpfungszustände und andere psychische und physische Störungen auftreten (vgl. van Dick, 2006, S. 68). Anfangs beschrieb die Sozialpsychologin Maslach (1982) Burnout zunächst als ‚Helfersyndrom‘, differenzierte es später jedoch in drei Hauptdimensionen, auf die in den meisten Studien bis heute Bezug genommen wird: Es ist demnach „ein Syndrom emotionaler Erschöpfung, Depersonalisierung und persönlicher Leistungseinbußen bzw. subjektiv reduzierter Leistungsfähigkeit, das bei Personen auftreten kann, die in irgendeiner Art mit Menschen arbeiten“ (vbw-Vereinigung der Bayerischen Wirtschaft e.V., 2014, S.23). Dabei meint ‚emotionale Erschöpfung‘ das subjektive Erleben von Energielosigkeit, Ohnmacht sowie körperlicher und geistiger Erschöpfung (‚Ich fühle mich am Ende meiner Kräfte‘) wobei dieser Faktor als die individuelle Kern-Komponente des Syndroms aufgefasst wird. Depersonalisierung geht einher mit negativen, abgestumpften oder zynischen und distanzierten Reaktionen auf Wünsche der Rezipienten, die unpersönlich und entmenschlicht wahrgenommen werden (‚Ich habe das Gefühl, dass ich manche Schüler behandle, als ob sie unpersönliche Objekte wären‘). Zeigt der/die Burnout-Betroffene ein Gefühl des Verfalls der eigenen Kompetenz, sowie eine geringere Selbstwirksamkeit, so ist dieser gleichzeitig nur reduziert leistungsfähig (vgl. Hillert & Schmitz, 2004, S. 82). Als psychometrisches Messinstrument entwickelten Maslach und Jackson das ‚Maslach-Burnout-Inventar‘ (MBI), das 1996 u. a. für Sozial-und Dienstleistungsberufe als ‚MBI Human Services Survey‘ sowie für den Bildungsbereich als ‚MBI Educators Survey‘ spezifiziert wurde und bis heute Anwendung findet (vbw-Vereinigung der Bayerischen Wirtschaft e.V., 2014). Die deutsche Übersetzung des MBI von Enzmann und Kleiber (1989) befindet sich im Anhang dieser Arbeit.

Auf arbeitswissenschaftlicher Ebene definieren Schaufeli und Enzmann (1998) das Burnout Syndrom wie folgt:

> „Burnout ist ein andauernder negativer, arbeitsbezogener psychischer Zustand ‚normaler' Personen, der primär durch Erschöpfung gekennzeichnet ist und von Überforderung (distress), dem Gefühl verminderter Wirksamkeit, abnehmender Motivation sowie der Entwicklung dysfunktioneller Einstellungen und Verhaltensweisen begleitet wird. Dieser psychische Zustand entwickelt sich langsam, kann aber von den Betroffenen lang unbemerkt bleiben. Er resultiert aus einem Missverhältnis (misfit) von Intentionen und der Arbeitswirklichkeit. Oft wird er durch inadäquate Bewältigungsstrategien aufrechterhalten." (Hillert & Schmitz, 2004, S. 52)

Obwohl ein enger Zusammenhang zwischen Burnout und Stress sowie zwischen Burnout und Depression besteht, existieren erkennbare Unterschiede. Stress im Beruf entsteht, wenn die Arbeitsanforderungen subjektiv als belastend wahrgenommen werden und dies die adaptiven Resscourcen der Person übersteigt, einhergehend mit Reaktionen auf psychischer und psychophysiologisch-vegetativer Ebene. Burnout hingegen wird als Endstufe des Scheiterns im Veränderungsprozess aufgefasst, wobei eine negative Einstellung mit entsprechendem Verhalten gegenüber dem Arbeitsplatz oder Kollegen typisch ist. Darüber hinaus findet bei Stress und Ermüdung keine Depersonalisierung statt. Im Hinblick auf Depressionen gibt es Ähnlichkeiten zum Syndrom des Burnouts, jedoch betrifft die depressive Symptomatik die ganze Person, situationsunabhängig und bereichsunabhängig. Während Burnout-Patienten sich außerhalb des Arbeitsbereiches wohl fühlen können, zeigen depressive Patienten durchweg einen Mangel an erfreulichen Erfahrungen wie Wut, fehlendem Selbstwert und mangelnder Geltung sowie Gefühle der Besorgnis und physiologische Symptome von Disstress. Das alles kann - falls überhaupt- erst in der letzten Burnout-Phase beobachtet werden (vgl. Hillert & Schmitz, 2004, S. 57). In der neuesten Auflage von Burisch 2014 wird Burnout als Form einer Fehlbelastung definiert, bei der Beschwerden, sowie Gefühle von Müdigkeit und Erschöpfung mehr als sechs Monate andauern. Eine Fehlbelastung tritt auf, wenn mindestens drei Beschwerden gegeben sind: Müdigkeit, gestörter Schlaf, Reizbarkeit, vermehrte Unsicherheit, emotionale Labilität, Grübeleien, Gefühl von Gehetztheit, Konzentrationsprobleme sowie Vergesslichkeit. Hinzu kommt ein Gefühl von Kontrollverlust und/oder Hilflosigkeit, das aufgrund der Unfähigkeit, auf Stressoren zu reagieren, auftritt. Diese unzureichende Stressregulation ist unzureichend und vermittelt den Betroffenen das Gefühl, die Dinge nicht mehr unter Kontrolle zu haben. Neben diesen Beschwerden und dem Gefühl von Kontrollverlust ist eine Fehlbelastung gegeben, wenn außerdem Einschränkungen im sozialen und beruflichen Funktionieren deutlich werden und Spannungsbeschwerden, Kontrollverlust sowie Funktionsstörungen nicht ausschließlich die Folge einer psychischen Erkrankung sind. Die Dauer der Beschwerden während des Burnouts kann auf einen uneffektiven Coping-Stil hinweisen, Müdigkeit und Erschöpfung auf die Neigung zum Somatisieren (vgl. Burisch, 2014, S. 13f.). Burnout wird demnach als Folge von Belastungen verstanden, wobei unklar bleibt, woher diese stammen. Übergeordnete Reaktionskategorien sind Kontrollverlust und Hilflosigkeit, auf die erfolglose Stressbewältigungsversuche und dementsprechend körperliche Symptome folgen. Ausgeschlossen werden Fälle, bei denen bereits eine psychische Erkrankung anderer Art besteht, wie z. B. Depression.

5.2 Burnout-Phasen

Burnout ist ein schleichender und langwieriger Prozess, bei dem die Datierung des Beginns dieses Prozesses auf ein individuelles Initialerlebnis unmöglich erscheint (vgl. Burisch, 2014, S. 23). Freudenberger definierte Burnout als Zustand, ging aber gleichzeitig auch von zwei Phasen aus: dem ‚empfindsamen Stadium' und dem ‚empfindungslosen Stadium'. Während es im ersten Stadium durch die Verdrängung negativer Gefühle zu Erschöpfung kommt, stellt sich im zweiten Stadium Gleichgültigkeit, Zynismus, Ungeduld, Reizbarkeit sowie Angst vor fehlender Anerkennung ein und es kann ein depressives Verarbeitungsmuster festgestellt werden, das letztlich Burnout kennzeichnet. Während der Arbeits- und Organisationspsychologe Cherniss (1980) Berufsstress als Auslöser des Burnout-Syndroms definiert, der zu Stillstand mit Gefühlen von Angst, Spannung, Reizbarkeit und Erschöpfung führt und in eine defensive Stressbewältigung mündet, erklärt Lauderdale (1982) das Aufkommen von Burnout durch Verwirrung und Unsicherheit, was ebenso zu Ängsten und somatischen Beschwerden führt. Im weiteren Verlauf des Burnouts lassen sich dann nach Cherniss emotionale Erschöpfung, Rückzug und Zynismus feststellen, nach Lauderdale auch Frustration, Verzweiflung, Versagen und Misstrauen.

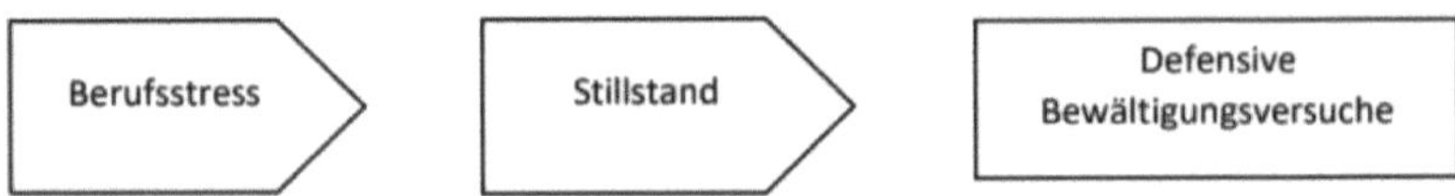

Abbildung 3: Phasenmodell zur Burnout-Entwicklung nach Cherniss 1980 (vgl. vbw-Vereinigung der Bayerischen Wirtschaft e.V., 2014, S. 26)

Ersichtlich wird, dass bei allen Prozessdefinitionen mehrere Stufen aufeinander folgen. Burisch (2014) spricht darüber hinaus von einer Korrelation zwischen der Anzahl und Intensität der Symptome und dem Fortschritt des Burnout- Prozesses. Dabei müssen die Stufen nicht zwingend nacheinander erfolgen, sondern können auch parallel zueinander bestehen. In diesem Modell finden sich belastete Menschen schnell wieder, unabhängig davon, was sie tatsächlich haben.

In der Abbildung 4 werden darüber hinaus einige Symptome ersichtlich. Das Symptombild ist sehr vielschichtig, in den verschiedenen Literaturen lässt sich jedoch eine Einheit erkennen. Die sieben Oberkategorien teilt Burisch in Unterkategorien auf. In einem Burnout- Fall müssen nicht alle Symptome vorhanden sein, tritt jedoch eins auf, erhöht es die Wahrscheinlichkeit, dass auch weitere sichtbar werden. Einige der Symptome bzw. Symptomkategorien schließen sich gegenseitig aus und nicht jede/r Betroffene erreicht die terminalen Stadien. Zwischen den Kategorien bestehen temporale oder kausale Beziehungen und in Abhängigkeit der Bedingungen im schulischen Alltag treten Aggressionen oder Depressionen als emotionale Reaktionen auf. Durch innere oder äußere Veränderungen kann der Prozess jederzeit gestoppt werden, jedoch nicht immer ohne bleibende Schäden (vgl. Burisch, 2014, S. 40).

Die Abbildung 4 zeigt jedoch nur wenige Symptome von vielen. Daher soll nun auf die Symptomatik näher eingegangen werden.

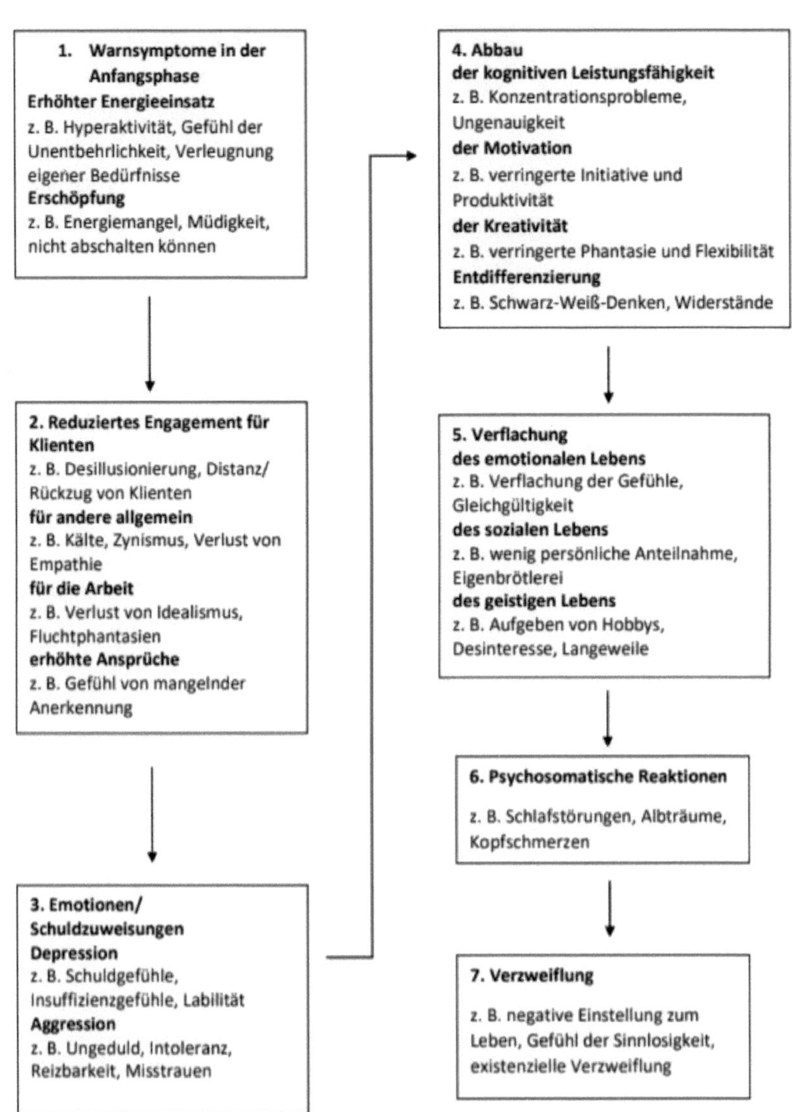

Abbildung 4: Burnout-Phasen nach Burisch (Rothland, 2013, S. 125)

5.3 Symptomatik von Burnout

Insgesamt zählen Burisch (2010) sowie Schaufeli und Enzmann (1998) mehr als 130 körperliche und psychische Symptome und Folgen des Burnouts. Dabei werden jedoch Menschen mit vorübergehendem Schwächegefühl oder jene die sich selbst erholen, nicht als ‚ausgebrannt' betrachtet. Die Symptome sind nicht genuin burnoutspezifisch, treten weder in jedem Fall auf noch ermöglichen sie eine Abgrenzung zu anderen psychischen Störungen. Die Symptomlisten sind beliebig und es fehlen verbindliche Vorgaben, die aufzeigen, welche Symptome, wie intensiv und wie lange für die Burnout-Diagnose auftreten müssen (vbw-Vereinigung der Bayerischen Wirtschaft e.V., 2014). Die Merkmale des Burnouts können in psychisch-mentale und physische Merkmale sowie Verhaltensmerkmale und veränderte Einstellungen eingeteilt werden.

Psychisch-mentale Merkmale:

Erschöpfung der emotionalen Ressourcen, innere Leere, chronische Ermüdung, Schwäche, mangelnde Energie und Aktivität. Am deutlichsten werden affektive Symptome, die zu Depressionen führen: depressive Stimmung, Angst, Hilflosigkeit, Hoffnungslosigkeit, Gefühle der Bedeutungslosigkeit, des Versagens, der Nutzlosigkeit, sowie der Unfähigkeit. Darüber hinaus lässt sich eine verminderte Selbstwertschätzung und eine verringerte Frustrationstoleranz erkennen. Die betroffene Person ist reizbar, übersensibel, feindselig gegenüber Rezipienten, Kolleginnen, Kollegen und Vorgesetzten. Des Weiteren kommt es zu verringerter Konzentrationsfähigkeit, Vergesslichkeit oder Problemen in der Entscheidungsfindung (vgl. Hillert & Schmitz, 2004, S. 58).

Körperliche Merkmale:

Kopfschmerzen, Übelkeit, Muskel- sowie Rückenschmerzen wurden auf physischer Ebene bei Betroffenen beobachtet, teilweise resultierend aus der Unfähigkeit, sich zu entspannen (nervöses Zucken, Ruhelosigkeit). Sowohl die psychischen als auch die sensomotorischen Symptome sind Zeichen hoher Erregung und nervöser Spannung. Gelegentlich werden sexuelle Probleme, Schlaflosigkeit, Appetitlosigkeit, Schwindel und Ähnliches genannt, typisch für Burnout ist jedoch die chronische Erschöpfung. Im Verlauf kommt es oft zu Herzkrankheiten (z. B. Hypertonie, funktionelle Herz-Kreislaufbeschwerden, Hypotonie) oder auch Beeinträchtigungen im Magen-Darm-Trakt (z. B. Magengeschwüre) (vgl. ebd. S. 58).

Verhaltensmerkmale:

Hauptsächlich zeigt sich bei Burnout-Patienten eine gesteigerte Unruhe, die sich anhand von Hyperaktivität, unkontrollierten Ausbrüchen, nervösem und unkonzentriertem Verhalten feststellen lässt. Es kommt meist zum erhöhten Konsum von Anregungsmitteln (Kaffee, Alkohol) bis hin zum Missbrauch. Dadurch, dass sich Betroffene sozial zurückziehen und ihr Engagement gegenüber Rezipienten sinkt, tauchen interpersonale Probleme mit Rezipienten, Kolleginnen und Kollegen sowie Vorgesetzen auf. Bei Lehrpersonal wird dies oft anhand erhöhter Fehlzeiten ersichtlich (vgl. ebd. S. 58f.).

Merkmale einer sich verändernden Einstellung:

Neben der Erschöpfung ist eine fortschreitende, enthumanisierende, gefühlslose, distanzierte, gleichgültige und zynische Einstellung gegenüber den zu betreuenden Menschen bzw. Schülerinnen und Schülern charakteristisch. Eine ursprünglich intrinsische Motivation, das Engagement und das Einfühlungsvermögen gehen verloren, sobald sich Langeweile und Unzufriedenheit entwickeln. Betroffenen fehlt jegliche Wertschätzung und es kommt oft zur inneren Kündigung aufgrund von Demoralisierung, Langeweile, Verlust der Arbeitsmotivation, geringer Arbeitsmoral, Absentismus oder Dienst nach Vorschrift (vgl. ebd. S. 59).

Zusammenfassend zeigen die Symptomlisten sowie Burnout-Theorien, dass das Konstrukt ‚Burnout' eine psychische Konstellation in Arbeitszusammenhängen bezeichnet, die als belastend erlebt wird und zur Einschränkung der Leistungsfähigkeit betroffener Personen führt, was langfristige Folgen haben kann.

Welche Bedingungsfaktoren im Lehrberuf im Zusammenhang mit Burnout stehen, soll im nächsten Abschnitt geklärt werden.

5.4 Mögliche Bedingungsfaktoren des Burnouts

Während Maslach die Ursache von Burnout vorrangig in den Arbeitsbedingungen und Tätigkeitsmerkmalen sieht, misst Burisch (2014) ebenso den Persönlichkeitsmerkmalen eine Bedeutung zu. Jacob (2006) teilt die Ursachen für Burnout in drei Ebenen ein: die intrapersonelle Ebene, die interpersonelle Ebene und die Arbeits- und Organisationsebene.

Intrapersonelle Ebene

Die Erklärungsansätze auf intrapersonelle Ebene setzen bei der Diskrepanz zwischen Erwartung und Wirklichkeit an. Dies bedeutet, dass Betroffene an einem idealisierten Selbstbild festhalten, unrealistische und überhöhte Erwartungen an den Lehrberuf haben, obwohl sie gegenteilige Erfahrungen machen. Sie fühlen sich unermüdlich, dynamisch und kompetent, greifen aber oft zu falschen Strategien, was zur Reduzierung der emotionalen Ressourcen führt (vgl. Hillert & Schmitz, 2004, S. 65). Des Weiteren sind Personen mit einem geringen Selbstbewusstsein und geringem Selbstvertrauen sowie geringer Selbstsicherheit Burnout- gefährdet, da sie sich selbst Misserfolge zuschreiben, ihre eigenen Fähigkeiten untergraben und sich für inkompetent halten (vgl. ebd.). Rudow (1994) führt an, dass Lehrkräfte mit ausgeprägter Empathie eher ausbrennen, da sie sich stärker in das Erleben und die Probleme von Schülerinnen und Schülern versetzen und damit zu „mitfühlende(n) oder gar mitleidende(n) Lehrer(n)" (Rudow, 1994, S. 137) werden. Eigene Bedürfnisse werden durch eine starke, klientenzentrierte Orientierung vernachlässigt und Anstrengungen werden verdoppelt, um meist unrealistische Ziele zu erreichen (vgl. van Dick, 2006, S.71). Scheitern Betroffene mit ihrer Bewältigungsstrategie und erleben so Stresssituationen über einen längeren Zeitraum, besteht das Risiko des ‚Ausbrennens'. Edelwich und Brodsky (1980) fassen Burnout zusammen als „eine progressive Desillusionierung, beginnend mit enthusiastischem Idealismus über einen seelischen Zustand der Stagnation, Frustration wegen unertfüllter Erwartungen, endend in Aphathie, psychischem Rückzug und teilweisem Absentismus" (Hillert & Schmitz, 2004, S. 65). Schaarschmidt (1999) stellte in seinen Untersuchungen fest, dass Frauen einen höheren Burnout-Wert aufweisen als Männer aufgrund der zusätzlichen Belastung durch Familie und häusliche Aufgaben. Hinsichtlich des Familienstandes fanden Maslach und Jackson (1985) heraus, dass alleinstehende Menschen und Menschen ohne Kinder eher an Burnout erkranken, als Pädagoginnen und Pädagogen in Partnerschaften oder Ehen, da der Partner bzw. die Partnerin als Schutzfaktor bzgl. des ‚Ausbrennens' gilt (vgl. van Dick, 2006, S. 71). Werden die unterschiedlichen Schulformen betrachtet, so wird ersichtlich, dass Lehrkräfte an Hauptschulen die höchsten Belastungswerte aufweisen (vgl. Buschmann & Gamsjäger, 1999).

Interpersonelle Ebene

Soziale Unterstützung, sowohl im privaten als auch im beruflichen Bereich, schützt den Menschen vor negativen Folgen der Belastungen und des Stresses und somit auch vor dem Burnout. Dieser „social support" (Barth, 1992, S. 30) meint die fachliche bzw. emotional-kognitive Unterstützung innerhalb und außerhalb des Berufes und ist abhängig von der Qualität der Beziehungen zum Kollegium, Vorgesetzten, der Familie oder Freunden. Pines und Kafry (1983) meinen, dass soziale Unterstützungssysteme sechs Basisfunktionen erfüllen können: Zuhören, sachliche Unterstützung, sachliche Herausforderung, emotionale Unterstützung, emotionale Herausforderung und Teilen sozialer Realität. Dabei gelten Zuhören und emotionale Unterstützung als wichtigste Funktionen. Es müssen sowohl private als auch berufliche Unterstützungssysteme vorhanden sein, da die Familie z. B. keine sachliche Unterstützung im Beruf geben kann. Andererseits kann ein Kollege bzw. eine Kollegin oder Vorgesetzte/r nicht die emotionale Unterstützung geben, die der/die Betroffene von der Familie oder von Freunden erhalten würde. Oftmals wird die Wichtigkeit dieser Unterstützungssysteme von Betroffenen unterschätzt und es werden Ressourcen verschwendet, in dem z. B. Druck auf den Ehepartner bzw. der Ehepartnerin ausgeübt wird, wenn Burnout eintritt und Betroffene den aktiven Zuhörer oder die emotionale Unterstützung verlieren. Hinzu kommt die Isolation von Kolleginnen und Kollegen um den eigenen Zustand zu verbergen, was wiederum zum Verlust der sachlichen Unterstützung führt. Folglich steigt die Gefahr des ‚Ausbrennens‘, wenn soziale Unterstützungssysteme als schützende Faktoren fehlen (vgl. Barth, 1992, S. 30).

Arbeits- und Organisationsebene

Maslach und Leiter (2001) berichten, dass aus der Interaktion bestimmter Arbeitsbedingungen mit bestimmten persönlichen Merkmalen Stresserleben entsteht. Ob eine Person an Burnout erkrankt, ist davon abhängig, wie diese am Arbeitsplatz mit Stressoren umgeht (Hillert & Schmitz, 2004, S. 64). Belastungen im Lehrberuf wurden anfangs schon ausführlich dargestellt. Dies sind berufsgruppenspezifische, arbeitsbezogene Faktoren, die speziell zum Stress des Lehrpersonals beitragen (Benehmen der Schülerschaft, schlechte Arbeitsbedingungen, Zeitmangel etc.). Hinzu kommen allgemeine Faktoren wie Autonomiemangel, gesellschaftliche Erwartungen, Mangel an Kriterien zur Messung des Erfolgs, hohe Anforderungen an die Produktivität, ungenügende Unterrichtsvorbereitung, sowie verwaltungsmäßige Unstimmigkeiten (vgl. Barth, 1992, S. 31).

Zusammenfassend lässt sich herausstellen, dass weder die einzelnen Einflussfaktoren, noch die einzelnen Belastungsfaktoren allein zu Burnout führen, sondern die wechselseitige Abhängigkeit der Variablen dafür entscheidend ist. Denn sowohl die Person als auch die Umwelt haben Einfluss auf die Entstehung von Burnout. Des Weiteren gibt es zwar Persönlichkeitsmerkmale, die das Risiko erhöhen an

Burnout zu erkranken, aber auch diese Merkmale wirken nur in Verbindung mit anderen Faktoren Burnout- gefährdend.

Es wird zunehmend deutlich, dass die Gesundheit des Lehrpersonals erhalten und gefördert werden muss, denn Lehrergesundheit fördert die Qualität von Schule und: „Wer eine zukunftfähige Schule will, muss die Gesundheit des Schulpersonals fördern" (Dr. Sieland, 2013, S. 32ff.) Aufgrund dessen sollen nun ausgewählte Präventions- und Interventionskonzepte zur Förderung der Gesundheit und Entlastung des Lehrpersonals vorgestellt werden.

6 Ausgewählte Präventions- und Interventionskonzepte

Wie bisher deutlich gemacht wurde, gibt es viele Belastungsfaktoren, die die Gesundheit von Lehrkräften beeinträchtigen und das Risiko, an Burnout zu erkranken erhöhen. In der Literatur gibt es bereits viele Ansätze und ausgearbeitete Konzepte zur Prävention und Intervention von Burnout bei Lehrpersonen, unter anderem:

- Belastungs- Management- Training für Lehrer (BMT-L) (Rudow, 1997)

- Bonner Burnout- Prophylaxe- Programm (BBPP) (Fengler, 2001)

- Potsdamer Trainingsmodell (Schaarschmidt & Kieschke, 2007)

- „Burnout-Prävention. Das 12-Stufen-Programm zur Selbsthilfe" (Bergner, 2010)

- „AGIL- Arbeit und Gesundheit im Lehrerberuf" (Hillert, et al., 2011)

- Zürcher Ressourcen- Modell (ZRM) (Storch & Krause, 2017)

- Gesundheitsförderungsprogramm ‚Sicher und gelassen im Stress' (Kaluza, 2018)

In fast allen Stressbewältigungstrainings sind folgende Elemente zu finden: Information und Psychoedukation mit dem Ziel, Wissen über Ursachen und gesundheitliche Auswirkungen von Stress zu vermitteln. Darüber hinaus sollen Teilnehmerinnen und Teilnehmer eines Stressbewältigungstrainings Entspannungsverfahren kennenlernen und durch kognitiv-behaviorale Interventionen stressfördernde Einstellungs- und Verhaltensweisen erkennen sowie diese durch das Einüben von Selbstverbalisationen in Realsituationen bearbeiten. Zur Bewältigung problematischer Situationen im beruflichen Alltag wird in Stressbewältigungstrainings das Repertoire an Bewältigungsstrategien erweitert und Problemlöseschritte systematisch durchlaufen. Des Weiteren werden Ressourcen hinsichtlich des Zeitmanagements, der sozialen und kommunikativen Kompetenz sowie der Konfliktlösung verstärkt (vgl. Hedderich, 2011, S. 69). Um einen Einblick zu bekommen, welches Konzept im schulischen Setting eingesetzt wird und welches überwiegend im klinischen Setting Anwendung findet, werden nun zwei der oben genannten Konzepte ausführlich dargestellt und anschließend miteinander verglichen. Beide Konzepte wurden zur Prävention und schulischen Gesundheitsförderung entwickelt.

6.1 Potsdamer Trainingsmodell

Das Potsdamer Trainingsmodell, das auf den Ergebnissen der Potsdamer Lehrer-studie beruht, stellt ein Programm zur Intervention bei Belastungen und Beanspru-chungen im Lehrberuf dar. Mittels des diagnostischen Instruments AVEM (Arbeits-bezogenes Verhaltens- und Erlebensmuster, siehe Kapitel 4.9) sollte deutlich wer-den, wie das Lehrpersonal die Anforderungen seines Berufes wahrnimmt und sich dementsprechend verhält, Gesundheitsressourcen wie auch Gesundheitsrisiken feststellen zu können (vgl. Schaarschmidt, 2004, S. 21). Vier verschiedene Muster des Verhaltens und Erlebens gegenüber der Arbeit sowie verschiedene Persönlich-keitsmerkmale konnten anschließend ermittelt werden. Das Modell beruht auf ei-nem ressourcenorientierten Ansatz:

„Gemeint ist damit, dass man den Schwerpunkt nicht auf die Erfassung von Belas-tungssymptomen legt, sondern auf die Frage, wie es um die Bewältigungsmöglich-keiten (der Person) bestellt ist, welche Hilfen und Schutzfaktoren verfügbar sind, um sich mit den schwierigen Anforderungen dieses Berufs auf gesundheitsförder-liche Weise auseinanderzusetzen" (Schaarschmidt, 2009, S. 607).

Mithilfe des Potsdamer Trainingsmodells sollen Lehrpersonen eigene Ressourcen im Hinblick auf die Arbeits- und Beanspruchungsverhältnisse erkennen und nut-zen. Darüber hinaus empfiehlt es gesundheitlich gefährdeten Lehrkräften, eine Un-terstützung bei der Entwicklung eines angemessenen Umgangs mit schwierigen sozialen Situationen und persönlicher berufsbezogener Ziele aufzusuchen (vgl. Schaarschmidt & Kieschke, 2007, S. 118). Sieben Module werden von Projektmit-arbeiterinnen und Projektmitarbeitern, speziell geschulten Lehrkräften und Schul-psychologen mit Unterstützung eines Coaching- Trainers bzw. Trainerin in Form einer Blockveranstaltung (3 Tage) oder in wöchentlichen Sitzungen mit einer Grup-pengröße von 8 bis 25 Personen durchgeführt (vgl. Brehm & Uhlendorff, 2009, S. 32).

Modul 1: ‚AVEM-Diagnostik'

Als erstes findet die ‚AVEM-Diagnostik' statt, die mittels zweier Auswertungs-schritte zur Bestimmung der Schwerpunktsetzung des Trainings verhilft. Arbeits-anforderungen werden analysiert und die Ergebnisse den vier verschiedenen Mus-tern (vgl. Kapitel 4.9) bzw. einzelnen Merkmalen zugeordnet. Anhand dieser Mus-terzuordnung erfolgt eine individuelle Schwerpunktsetzung für das Training: Wäh-rend bei ‚Muster G' gesundheitsförderliche Verhaltens- und Erlebensweisen stabi-lisiert werden sollten, benötigen Lehrpersonen mit ‚Muster S' eine Festigung ihrer

Widerstandskraft bei gleichzeitiger Förderung ihres Engagements. Stellt sich das ‚Risikomuster A' heraus, so liegt der Schwerpunkt auf dem Abbau der Tendenzen zur Selbstüberforderung und Vernachlässigung von Erholung. Eine Förderung von Selbstsicherheit und offensiverem Auftreten sowie dem Abbau von Überforderungserleben und resignativen Tendenzen steht im Mittelpunkt der Programmteilnehmenden mit dem ‚Risikomuster B'. Anschließend werden einzelne Merkmale betrachtet und anhand von 11 Skalen folgende Bereiche erfasst: Arbeitsengagement (Bedeutsamkeit der Arbeit, Beruflicher Ehrgeiz, Verausgabungsbereitschaft, Perfektionsstreben), Widerstandsfähigkeit (Distanzierungsfähigkeit, Resignationstendenz, offene Problembewältigung, innere Ruhe, Ausgeglichenheit) und Emotionen (Erfolgserleben im Beruf, Lebenszufriedenheit, Erleben sozialer Unterstützung). Als Ergebnis werden individuelle Besonderheiten im Umgang mit Belastungen sichtbar (vgl. Schaarschmidt & Kieschke, 2007, S. 118).

Modul 2: Ursachenanalyse

In diesem Modul wird eine individuelle Stressanalyse durchgeführt, die für jede/n Einzelnen die Ursachen des Belastungserlebens (z. B. Perfektionismus oder Problemvermeidung) sichtbar macht. Theoretische Aspekte sowie der Zusammenhang zwischen erlebter Belastung und subjektiven Verarbeitungsprozessen werden am Beispiel der transaktionalen Stresstheorie (nach Lazarus, vgl. Kapitel 2.2.6) verdeutlicht. Sie lernen die Bedeutsamkeit der eigenen Ansprüche, Einstellungen und Kompetenzen bei der Entstehung und Aufrechterhaltung von Stress, sowie Bewältigungsstrategien kennen, um Stressreaktionen zu vermeiden. Zum Abschluss des Moduls findet ein Austausch persönlicher Erfahrungen über bisher praktizierte Bewältigungsstrategien statt (vgl. Schaarschmidt & Kieschke, 2007, S. 119).

Modul 3: Technik der systematischen Problemlösung

Anstatt kopf- und planlos eine schnelle Lösung für ein Problem zu suchen, soll mit Hilfe der Technik der systematischen Problemlösung, ein strategisches, planvolles und effektives Problemlösen gefördert werden. Nach einer ausführlichen Analyse und Beschreibung des Problems, werden mit Hilfe eines Perspektivwechsels verschiedene Lösungswege erarbeitet, die anschließend bewertet werden. Für den bestgeeigneten Lösungsweg werden dann Schritte hinsichtlich der Umsetzung geplant. Dabei helfen unterschiedliche Sichtweisen und Lösungsideen anderer Teilnehmerinnen und Teilnehmer (vgl. Abb. 6).

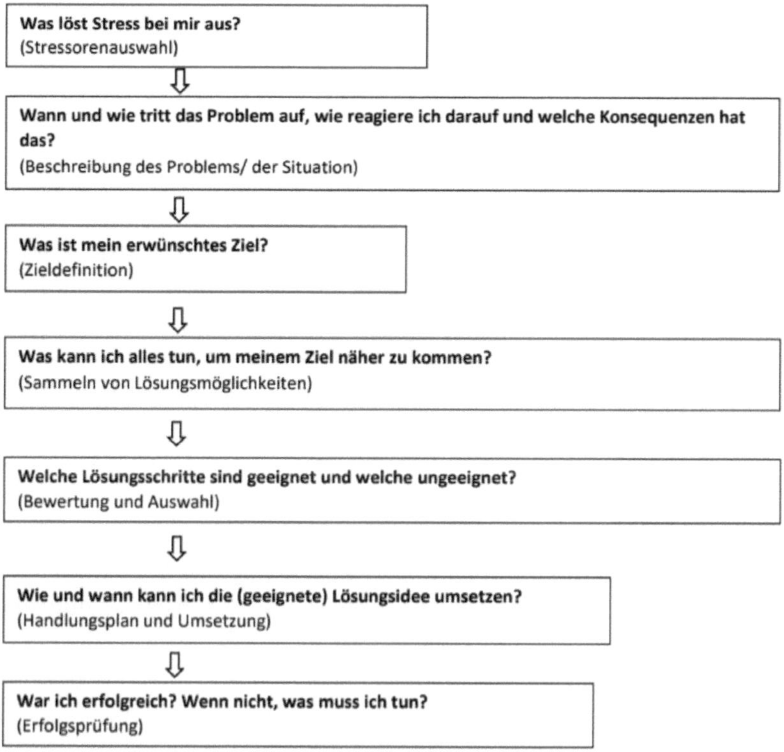

Was löst Stress bei mir aus?
(Stressorenauswahl)

⇩

Wann und wie tritt das Problem auf, wie reagiere ich darauf und welche Konsequenzen hat das?
(Beschreibung des Problems/ der Situation)

⇩

Was ist mein erwünschtes Ziel?
(Zieldefinition)

⇩

Was kann ich alles tun, um meinem Ziel näher zu kommen?
(Sammeln von Lösungsmöglichkeiten)

⇩

Welche Lösungsschritte sind geeignet und welche ungeeignet?
(Bewertung und Auswahl)

⇩

Wie und wann kann ich die (geeignete) Lösungsidee umsetzen?
(Handlungsplan und Umsetzung)

⇩

War ich erfolgreich? Wenn nicht, was muss ich tun?
(Erfolgsprüfung)

Abbildung 5: Beispiel für den Ablauf einer systematischen Problemlösung (Schaarschmidt & Kieschke, 2007, S. 121)

Modul 4: Zeit- und Selbstmanagement

Aufgrund der räumlichen und zeitlichen Flexibilität im Lehrberuf ist ein organisiertes Familien- und Alltagsleben notwendig. Fehlen effektive Zeit- und Selbstmanagementstrategien, wird diese Flexibilität oftmals zum belastenden Faktor, da ein erheblicher Teil der Arbeit an den Abenden oder Wochenenden erledigt werden muss. Folglich findet kaum ein Belastungsausgleich statt. In einem gesonderten Teil des Trainings geht es aufgrund dessen um die Vermittlung folgender Strategien und Grundsätze:

- eigene Zeitnutzung analysieren und ‚Zeitdiebe' identifizieren
- Prioritäten setzen
- Pufferzeiten einplanen
- Leistungskurve beachten

- Delegieren, Hilfe einholen
- Selbstdisziplin wahren
- „Nein" sagen lernen

(ebd., S.120)

Modul 5: Kommunikation und soziale Kompetenzen

Dieses Modul wird als „unentbehrlicher Bestandteil des Trainings" (ebd. S. 122) angesehen, da Grundlagen angemessener Kommunikation sowie Bewältigungsstrategien in kritischen sozialen Situationen im Lehralltag vermittelt werden. Wie anfangs in den Anforderungen des Lehrberufes beschrieben, müssen Lehrpersonen zwischenmenschliche Beziehungen in Übereinstimmung mit einem pädagogischen Auftrag gestalten und sich auf unterschiedliche, oft überraschende Situationen einstellen können. Die sozial-kommunikative Kompetenz hat dabei einen entscheidenden Einfluss hinsichtlich des beruflichen Erfolges und der psychischen Gesundheit. In diesem Modul werden in Rollenspielen Aufgaben zur Problemklärung, zur Durchsetzung von Ansprüchen, zur Vermittlung und Schlichtung sowie zur Konfliktlösung gestellt. Es findet ein Austausch über belastende Situationen mit der Schüler-, Eltern- und Lehrerschaft statt sowie eine Reflexion über das eigene Auftreten und dessen Wirkung. Darüber hinaus können alternative Verhaltensweisen beobachtet und in den Rollenspielen ausprobiert werden, um in zukünftigen, schwierigen sozialen Situationen des beruflichen Alltags gelassener und souveräner zu reagieren (vgl. ebd., S.122).

Modul 6: Zielsetzung und Zielplanung

Eine wichtige Bedingung für Erfolgserleben und Motivationsentwicklung im Beruf ist die Zielverfolgung und Realisierung. Reglementierung, Verbürokratisierung, vielfältige Kampagnen, Neuerungen und Veränderungen erschweren es, im Lehrberuf längerfristige Ziele zu entwickeln und diese auch zu erreichen. Im sechsten Modul geht es daher um berufsbezogene Ziele und deren Bedeutung. Nachdem die Grundlagen und Regeln für die Zielformulierung und -verfolgung besprochen wurden, wird analysiert, welche persönlichkeitsfördernden Zielsetzungsprozesse möglich sind und wie diese erreichen erreicht werden können. Ausgehend vom AVEM-Ergebnis fixiert jede/r Einzelne schriftlich seine Ziele zum besseren Umgang mit beruflichen Anforderungen sowie persönliche Entwicklungsziele und plant Maßnahmen zur Zielerreichung (vgl. ebd.).

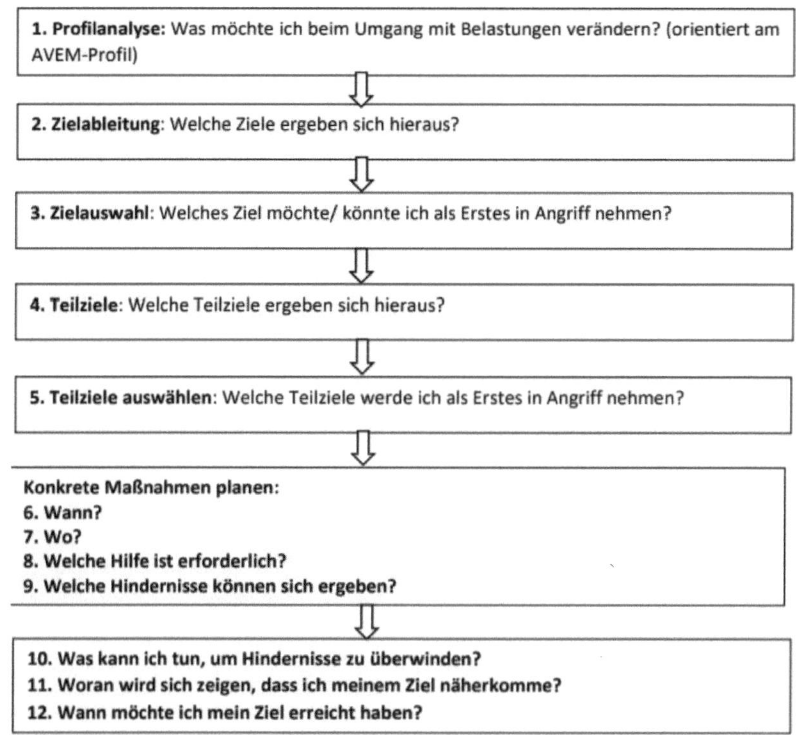

Abbildung 6: Bogen zur Zielableitung am Ende des Trainings (Schaarschmidt & Kieschke, 2007, S. 125)

Modul 7: Entspannung

Im letzten Modul werden den Teilnehmern alltagstaugliche Entspannungstechniken (Progressive Muskelrelaxation, Atemtechniken und Fantasiereise) vermittelt, die zu einer erhöhten Ausgeglichenheit verhelfen sollen. Dabei werden persönliche Neigungen und Eignungen bezüglich existierender Entspannungsverfahren berücksichtigt. Je nach Neigung werden dann grundlegende Informationen besprochen, sowie Anleitungen zur selbstständigen Durchführung mit auf den Weg gegeben (vgl. ebd., S.124).

Das Potsdamer Trainingsmodell wurde 2003 bis 2006 mit 224 Lehrkräften aus verschiedenen Schulformen durchgeführt sowie mittels AVEM-Verfahren vor und 12 Wochen nach dem Training evaluiert. Außerdem wurden körperliche und psychische Beschwerden gemessen. Die Ergebnisse der Messung nach Trainingsabschluss zeigten eine Reduktion der Risikomuster A und B sowie einen Anstieg der

Muster G und S. Bei einer Kontrollgruppe (ohne Intervention im gleichen Zeitraum) konnte dagegen eine Zunahme der unerwünschten Muster verzeichnet werden. Darüber hinaus wurden Veränderungen in den einzelnen Merkmalen, die den Mustern zugrunde liegen, durch das Training ersichtlich. Während die Verausgabungsbereitschaft und die Resignationstendenz abnahm, nahm die Distanzierungsfähigkeit, die innere Ruhe und Ausgeglichenheit, das berufliche Erfolgserleben, die allgemeine Lebenszufriedenheit sowie positive Emotionen zu. Drei Monate nach dem Training konnten deutlich bessere Werte hinsichtlich des körperlichen und psychischen Befindens (verminderte Schlaf- und Konzentrationsprobleme, Kopfschmerzen, Erschöpfungsanzeichen) festgestellt werden. Von den Teilnehmerinnen und Teilnehmern wendeten 80 % auch nach 12 Wochen die Trainingsinhalte an und fühlten sich zudem den Anforderungen besser gewachsen (vgl. Schaarschmidt & Kieschke, 2007, S. 131).

6.2 Präventionsprogramm AGIL: „Arbeit und Gesundheit im Lehrerberuf"

Nach mehrjährigen Forschungsarbeiten hinsichtlich ‚gesunden' und psychisch erkrankten Lehrkräften wurde das Präventions- und Therapieprogramm AGIL zur Stressbewältigung und Gesundheitsförderung entwickelt (vgl. Rothland, 2013, S.251). Im Gegensatz zu anderen Programmen, geht es bei AGIL um eine längerfristige Stabilisierung (vor allem nach vorangegangener psychischer Erkrankung) und der Reduzierung einer Rückfallgefahr. Die Inhalte werden nicht eindimensional, sondern inhaltlich plausibel, stringent im Aufbau und angemessen auf individuelle Bedürfnisse hin vermittelt. Mittels des Einbezugs von kognitiv-verhaltenstherapeutischen Konzepten und der Arbeit mit Emotionen treten während des Programms oft intra- und interindividuelle Konflikte auf, die identifiziert und aufgelöst werden sollen. Das Gruppenprogramm für bis zu zehn Personen besteht aus einem Basismodul (Vermittlung von Grundwissen zum Thema ‚Stress' und ‚Achtsamkeit') sowie drei Inhaltsmodulen (‚Denkbarkeiten', ‚Möglichkeiten' und ‚Erholung'). Neben der Informationsvermittlung findet ebenso eine Selbstreflexion sowie die Entwicklung und Umsetzung individueller Problemlösestrategien statt, um gesundheitsförderliches Verhalten bei den Lehrkräften zu erzielen (vgl. Hillert, et al., 2011, S.29).

Basismodul

Das Stressbewältigungstraining AGIL beginnt mit einer Vorstellungsrunde, die auf die Gruppe abgestimmt ist und zur Förderung einer konstruktiven Arbeitsatmosphäre dienen soll. Hierfür werden im AGIL-Trainer-Manual verschiedene

Varianten zum Einstieg vorgestellt: ‚Klassische' Vorstellungsrunden, ‚Kennenlern-Aufstellung' und ‚Afrikareise' (Hillert, et al., 2011, S. 62-68). Anschließend wird der Begriff ‚Stressor' eingeführt und über verschiedene Ebenen der schulischen Belastung gesprochen. Dabei werden die gesellschaftliche Ebene (z. B. durchgeführte Reformen im Schulsystem), die Schulebene (z. B. Führungsqualität der Schulleitung, Kollegialität, Milieu der Schule) sowie die individuelle Ebene (Alter, Mehrfachbelastung, Konflikte mit dem Kollegium, der Schüler- oder Elternschaft, individuelle Bewältigungsressourcen) unterschieden. Je nach Ebene wird den teilnehmenden Lehrpersonen die individuelle Beeinflussbarkeit, der dazu notwendige Kraftaufwand sowie die Aussicht auf Entlastung deutlich gemacht. Jede/r Einzelne soll lernen, zwischen veränderbaren und nicht beeinflussbaren Stressoren unterscheiden zu können. Eine weitere Einheit dieses Moduls ist die individuelle Stressanalyse, um Stressreaktionen sowie die Art dieser ‚StressMerkMale' systematisch zu erfassen. Hier wird in vier Ebenen unterschieden: körperliche Reaktionen (z. B. Anspannung, innere Unruhe, Nervosität, Schlaflosigkeit, Kopfschmerzen), Verhalten (z. B. ungeduldige Reaktionen, steigender Alkohol- und Nikotinkonsum, Selbstmedikation, zunehmende Unpünktlichkeit, soziale Isolation, Mangel an Planung), Gedanken (z. B. zynische oder selbstabwertende innere Dialoge, Konzentrationsschwierigkeiten, Vergesslichkeit, Unentschlossenheit) und Gefühle (z. B. Reizbarkeit, Empfindlichkeit, Launenhaftigkeit, Frustration, Schuld, Scham, Angst, Überforderung, Einsamkeit). Diese ‚StressMerkMale' zeigen Anzeichen von Überlastung und sind Grundlage für die Entwicklung eines Frühwarnsystems (vgl. Rothland, 2013, S. 257f.). Des Weiteren wird der Unterschied zwischen akutem und chronischem Stress vermittelt und aufgezeigt, dass ein chronischer Stresszustand die Ressourcen für die Initiierung von Veränderungsprozessen minimiert. Es wird individuell geklärt, ob in der aktuellen Lage des Einzelnen noch zusätzliche Zeit und Kraft vorhanden sind, um eine Entlastung zu erreichen. Ausgehend von einem Erklärungsmodell, das ‚das infernalische Quartett der Stressentstehung', bestehend aus den vier gesundheitsgefährdenden Mustern Un-Achtsamkeit, Un-Denkbarkeit, Un-Möglichkeit sowie Un-Erholt & Kraftlos, die aus empirischen Daten gewonnen wurden- wurde das Veränderungsmodell ‚die 4 Wege der Entlastung' konzipiert:

- Achtsamkeit: Förderung der Sensibilität und Aufmerksamkeit gegenüber aufkommendem Stress, Wahrnehmen von Frühwarnzeichen von Stress und angemessene Reaktion

- Denkbarkeit: Entwicklung und Einsetzen ‚entschleunigenden' Gedanken und Einstellungen, Thematisierung von inhaltlich angemessenen und störenden Gedanken

- Möglichkeit: Entwicklung eines besseren Verständnisses für Belastungen, deren aktive Reduktion, sowie Verbesserung der Handlungskompetenzen und Erarbeitung von Konfliktlösungen

- Erholung: Vermittlung eines Zugangs zur ‚Erholungswelt' zur Regeneration von beruflichen Belastungen

(Rothland, 2013, S. 259).

Abschließend tragen die teilnehmenden Lehrkräfte vorhandene Ressourcen und Bewältigungsstrategien zur Stressbewältigung in den vier Bereichen zusammen und entwickeln so selbstständig eine Ressourcensammlung, die ihnen ihre Perspektiven sichtbar macht (vgl. Hillert, et al., 2011, S. 33).

Modul ‚Denkbarkeit'

Das zweite Modul des AGIL-Trainingsprogramms behandelt die Stressbewältigung im kognitiven Bereich, den Entlastungweg ‚hilfreiche Gedanken'. Zunächst werden mit Hilfe des ‚Stress-Beschleuniger-Tests', stressbeschleunigende Mottos und Gedanken identifiziert, um die Konsequenzen für das eigene Verhalten einschätzen zu können und abzuwägen, ob eine stressverschärfende Einstellung verändert werden soll. Anschließend werden im Modul, mittels Übungen wie der Auseinandersetzung mit dem ‚inneren Kritiker', problematische Gedanken entschärft. Dabei werden die teilnehmenden Lehrpersonen angeleitet, sich mit ihren Gedanken zu unterhalten und diese aktiv zu hinterfragen. Imaginationsübungen verhelfen außerdem, weniger stressbeschleunigende Gedanken auszuprobieren und die Umsetzung im Alltag vorzubereiten. Des Weiteren wird die gedankliche Distanzierungsfähigkeit gegenüber schulbezogenen Belastungen und Konflikten gefördert und über die Thematik ‚Grübeln' und deren negative Auswirkungen gesprochen. ‚Grübeln' wird dabei als eine trügerische Auseinandersetzung mit dem Problem ohne lösungsorientiertes Nachdenken angesehen (Rothland, 2013). Hier schlägt das Trainingsprogramm folgende Strategien zum Umgang damit vor: dem Grübeln eine begrenzte Zeit oder einen speziellen Ort widmen, konsequentes Zu-Ende-Denken der Befürchtungen, Unterbrechen des Grübelns durch das Umlenken auf positive Erlebnisse sowie aktive Problemlösung.

Abschließend folgen praktische Übungen wie ‚Professionelles Grübeln‘ oder das ‚Grübelbusfahren‘, um jeden Einzelnen mit seinen ‚Grübelszenarien‘ zu konfrontieren und ‚Grübelkreisläufe‘ zu durchbrechen (Hillert, et al., 2011).

Modul ‚Möglichkeiten‘

Der Schwerpunkt dieses Moduls liegt auf handlungsorientierten Lösungen von Problem- und Konfliktsituationen im Schulalltag, die durch innere und/oder zwischenmenschliche Konflikte sowie Konflikte bzgl. begrenzter Zeitressourcen entstehen. Mittels Rollenspiele werden Konfliktgespräche mit Kollegen, Vorgesetzten oder Eltern trainiert und mit Hilfe von Übungen zum ‚inneren Team‘ Einsichten in verschiedene Konfliktsituationen ermöglicht (vgl. Rothland, 2013, S.260).

Modul ‚Erholung‘

Die im Basismodul erarbeitete Ressourcensammlung bildet in diesem Modul die Basis für die Entwicklung von Erholungsstrategien. Nachdem förderliche sowie hinderliche Verhaltensweisen und Einstellungen noch einmal transparent gemacht und die Bausteine ‚Erholung und Gesundheit‘ thematisiert worden sind, wählt der Kursleitende passende Übungseinheiten aus. Mit Hilfe von Übungen wie ‚Mehr Erholung- ja, aber…!‘ oder ‚Von der Schwierigkeit, aus der Arbeits- in die Erholungswelt zu gelangen und dort zu bleiben‘ soll eine Veränderungsmotivation hinsichtlich des subjektiven Stellenwertes des Erholungswunsches erreicht werden (Hillert, et al., 2011, S. 153-157). Einzelne Erholungsphasen werden vermittelt (Phase der Distanzierung zur Arbeit, Phase der Regenerierung, Phase der Neuorientierung auf die Arbeitswelt) sowie der Unterschied zwischen erholsamen und weniger erholsamen Aktivitäten verdeutlicht. Dies trägt z. B. zur Distanzierung bei, jedoch nicht zum ‚Krafttanken‘ (vgl. ebd., S.36). Anhand hinderlicher Einstellungen, wie dem ‚Mengenproblem‘ (‚Ich habe noch so viel zu tun‘), das ‚Erschöpfungsproblem‘ (‚Ich bin so erschöpft, ich schaffe es jetzt nicht mehr‘) oder das ‚Erlaubnisproblem‘ (‚Ich darf mich erst erholen, wenn ich fertig bin‘) werden Strategien zur Umsetzung von Erholungsverhalten erarbeitet. Diesbezüglich wird empfohlen, zu Beginn jeder Woche einen Termin zur Erholung festzulegen (Erholung planen und etablieren) und diesen Termin zur Regelmäßigkeit werden zu lassen. Des Weiteren sollten für die genannten, häufig auftretenden Probleme, Strategien zur Bewältigung vorab geplant werden. Mittels Verabredungen zu erholsamen Aktivitäten wird eine soziale Verpflichtung eingegangen und die Selbstverpflichtung kann erhöht werden, indem anderen die Absichten und Pläne mitgeteilt werden. Weitere Inhalte sind die

Vermittlung des zeitkontingenten Arbeitens sowie der Schlafhygiene (vgl. Rothland, 2013, S.261).

Zusammenfassend lässt sich feststellen, dass AGIL intervenierende und präventive Maßnahmen zur Stressbewältigung und Gesundheitsförderung bietet. Schulische Belastungssituationen werden durch die Bearbeitung einzelner Module transparent gemacht und geeignete Strategien werden erarbeitet. Nach einer dreijährigen Evaluation konnte festgestellt werden, dass sich AGIL- Teilnehmende im Vergleich zur Kontrollgruppe „noch Monate nach der Entlassung aus der stationären Behandlung im Umgang mit schulischen Belastungen sicherer fühlen. Zum anderen sollen sie gesundheitlich stabiler, also weniger oft krankgeschrieben sein und vor allem in den Monaten nach der Behandlung seltener in Frühpensionierung gehen" (Hillert, et al., 2011, S. 37). Des Weiteren wiesen Lehrpersonen des AGIL-Programms, im Vergleich zur Kontrollgruppe, einen deutlichen Unterschied hinsichtlich der allgemeinen und beruflichen Selbstwirksamkeitserwartung sowie eine Reduktion der Burnout-Symptome auf. Ebenso gingen nur noch 13,5 % der Teilnehmerinnen und Teilnehmer des AGIL-Programms, im Vergleich zur Kontrollgruppe (29, 3%), nach sechs bis zwölf Monaten in die Frühpensionierung (vgl. ebd.).

6.3 Vergleich beider Präventionskonzepte

Um herauszustellen, welches der beiden Programme für die Integration im Schulalltag besser geeignet ist, werden nun beide Programme verglichen. Während AGIL lediglich innerhalb einer Therapie und mit Psychologen oder Psychotherapeutinnen modulartig durchgeführt wird, findet das Potsdamer Trainingsmodell im schulischen Setting, mit Hilfe von geschulten Lehrkräften oder Schulpsychologinnen oder Psychologen, als Fortbildungsmaßnahme mit verschiedenen Modulen statt. Das Potsdamer Trainingsmodell kann über drei Monate oder als Wochenendseminar über drei Tage für bis zu 25 Personen, als Präventionsprogramm angewendet werden. AGIL hingegen findet über vier Wochen mit maximal zehn Personen statt. Beide Konzepte bieten Maßnahmen zur Stressbewältigung auf Verhaltensebene an und sind auf einen ressourcenorientierten Ansatz zurückzuführen. Der kognitive Ansatz wird bei AGIL als Schwerpunkt in einem Modul behandelt, wobei nicht nur äußere, sondern auch innere Stressauslöser individuell erarbeitet werden. Das Potsdamer Trainingsmodell ist weniger lehrerspezifisch, da es eher um die allgemeinen Belastungssituationen im Schulalltag geht. Die persönlichen Ressourcen der Lehrkräfte werden jedoch in beiden Konzepten gestärkt. Während das Potsdamer Trainingsmodell als sekundärpräventive Maßnahme bzw. zur primären

Prävention entwickelt wurde, um gesundheitlich gefährdete Lehrpersonen vor dem ‚Ausbrennen' zu schützen, dient AGIL als Tertiärprävention, die einen Rückfall bereits erkrankter Lehrpersonen verhindern soll. Ziel ist bei beiden Programmen die Aktivierung vorhandener Ressourcen zur Stressbewältigung, sowie die Erweiterung der Bewältigungsstrategien. Außerdem soll die Selbst- und Sozialkompetenz im Umgang mit Belastungssituationen, mittels realistischer Zielsetzung, Entspannung und sozialer Unterstützung, gesteigert werden. Bezüglich der Inhalte und Durchführung der Programme lässt sich feststellen, dass beide Konzepte Informationen zur Entstehung des Stresses, sowie dessen Auswirkungen vermitteln. Bevor eine Selbstreflexion stattfindet, werden vier Wege der Stressentstehung bei AGIL mit Hilfe des ‚infernalische Quartetts der Stressentstehung' aufgezeigt. Das Potsdamer Trainingsmodell erklärt die Entstehung von Stress mit dem Stressmodell von Lazarus (Kapitel 3.2.6) und motiviert die Teilnehmerinnen und Teilnehmer anschließend zu einer Selbstreflexion. Für die Stressanalyse nutzt das Potsdamer Trainingsprogramm die AVEM-Diagnostik und lässt so arbeitsbezogene Verhaltens- und Erlebensmuster deutlich werden. AGIL hingegen fordert die teilnehmenden Lehrpersonen auf, äußere Stressoren zu beschreiben und innere Stressoren mit Hilfe des Stressbeschleunigertests zu erkennen. Nachdem bei beiden Modellen die Ursachen transparent gemacht worden sind, folgt die Entwicklung und Umsetzung von Problemlösestrategien durch Vorschläge innerhalb der Gruppe und Erprobung derer hinsichtlich der Belastungsbewältigung. Während bei AGIL über eine mögliche Veränderung der sozialen Beziehungen gesprochen wird, werden bei dem Potsdamer Trainingsprogramm alternative Verhaltensweisen hinsichtlich kritischer, sozialer Situationen im Schulalltag (mit der Schüler- oder Elternschaft bzw. dem Kollegium) geübt. Ebenso werden in diesen Übungen Grundlagen zur Kommunikation vermittelt mit dem Ziel, die soziale Kompetenz zu steigern. Beide Konzepte beinhalten das Modul ‚Zielsetzung' wobei es bei AGIL mehr um die Ziele geht, wer jede/r Einzelne als Lehrperson sein möchte, und im Potsdamer Trainingsprogramm hingegen um Ziele, welche Belastungssituationen wie verändert werden können. Sehr theoriespezifisch ist ebenso das Modul ‚Erholung' bei AGIL, da es im Wesentlichen um die Kenntnis und Wichtigkeit der Erholung sowie der einzelnen Erholungsphasen geht. Im Potsdamer Trainingsmodell werden hingegen Methoden zur Entspannung und Erholung vermittelt, die je nach Neigung im Alltag integriert werden können. Ein weiterer Unterschied ist, dass das Modul ‚Zeit- und Selbstmanagement' lediglich beim Potsdamer Trainingsprogramm Verhaltens- und Arbeitstechniken zur besseren Organisation des Alltags fördert. Da bei beiden Gruppengespräche, wie der Austausch von Erfahrungen, unterstützende

Hilfestellungen und kritische Auseinandersetzungen, stattfinden, hängt der Erfolg des Trainings teilweise von der Gruppenatmosphäre ab. Diese sollte vertrauensvoll sein, damit alle Probleme offen angesprochen werden können. Ein Unterschied besteht hierin, dass beim Potsdamer Trainingsmodell die Gruppe aus direkten Kolleginnen und Kollegen besteht und nicht aus Teilnehmerinnen und Teilnehmern des klinischen Settings. Voraussetzung bei beiden Konzepten ist das Interesse und die Offenheit der Teilnehmenden, das Angebot aus eigener Kraft zu nutzen und Lösungen für sich zu finden.

Aufgrund dieser Aspekte des Vergleichs wird das Potsdamer Trainingsmodell für den Einsatz im schulischen Setting als besser geeignet bewertet als AGIL. Daher wurde es für das erarbeitete Präventionskonzept für die Freie Grundschule Quickborn gewählt.

7 Praxisbezogene Präventions- und Interventionsmaßnahmen

Im letzten Teil dieser Arbeit soll es nun um folgende Fragen gehen: Was kann und sollte auf individueller, schulorganisatorischer und bildungspolitischer Ebene verändert werden, damit dem Lehrpersonal genügend Ressourcen zur Verfügung stehen, um ein ‚Ausbrennen' zu verhindern? Was kann die Schulleitung bewirken und ihrem Lehrpersonal zur Verfügung stellen?

7.1 Maßnahmen auf individueller Ebene

Um sich Stressoren und persönliche Stressverstärker als Lehrperson bewusst zu machen, können verschiedene Stresstests bzw. Selbstdiagnosen helfen. Diese können von der Schulleitung, nach Aufklärung, für jeden Einzelnen zur Verfügung gestellt werden (siehe Anhang). Anschließend sollen individuelle Ressourcen erkannt und Bewältigungsmöglichkeiten für den Umgang mit Belastungen und Beanspruchungen im Schulalltag, entwickelt werden. Von Hedderich (2011, S.71f.) werden folgende kurzfristige Strategien vorgeschlagen:

Zur spontanen Erleichterung im Schulalltag werden tiefes Durchatmen, Kurzentspannung, sowie Sich ausstrecken empfohlen. Atemübungen und kleine Übungen zur muskulären An- und Entspannung befinden sich im Anhang dieser Arbeit. Ist die Lehrperson sich ihrer Stressoren bewusst, so kann sie mittels Wahrnehmungslenkung (z. B. ein Blick aus dem Fenster oder auf das Urlaubsfoto etc.) und förderlicher (z. B. ‚Ich schaffe das', ‚Ich gebe nicht auf' etc.) sich positiv stimulieren. Ebenso gilt das Abreagieren (z. B. mit Schwung eine Treppe hinauflaufen) als kurzfristige Strategie zur Stressbewältigung. Langfristig sollten Entspannungsverfahren (Autogenes Training, Progressive Muskelrelaxation, Yoga etc.) gelernt und für Zufriedenheitserlebnisse durch Hobbys gesorgt werden. Der eigene Perfektionismus sollte reduziert und überzogene idealistische Vorstellungen hinterfragt werden. Mittels sozialer Unterstützung und durch Pflege privater und beruflicher Kontakte können Überforderungen verhindert werden. Diese Unterstützung kann sowohl emotional (z. B. Wertschätzung, Nähe, mit anderen über Probleme sprechen, Ermutigung, Rat, Anleitung), praktisch (z. B. Materialien ausleihen können, von Aufgaben befreit werden, konkrete Hilfe) oder durch soziale Integration (Zugehörigkeit zu einzelnen Personen/ -Gruppen, gemeinsame Aktivitäten mit anderen, Beziehungssicherheit) stattfinden. Des Weiteren kann die Teilnahme an Supervisionen die soziale Kompetenz steigern und soziale Fertigkeiten verbessern. Da ein fehlendes Zeitmanagement zur starken Belastung werden kann, werden verschiedene Übungen zur Zielformulierung und Priorisierung empfohlen (siehe Anhang).

Durch das Identifizieren von ‚Zeitfressern', der Planung von ‚Pufferzeiten' sowie dem Erstellen eines realistischen Zeitplanes können so Problemlösungsfertigkeit gesteigert werden (vgl. Hedderich, 2011, S.71ff.).

Kaluza (2018) ergänzt weitere Beispiele für ein mentales, individuelles Stressmanagement:

- Leistungsgrenzen akzeptieren lernen
- Schwierigkeiten als Herausforderung sehen
- Wahren der inneren Distanz zu alltäglichen Aufgaben
- Blick für das „Wesentliche/ Wichtige" bewahren
- Bewusstmachen von positiven Situationen
- Loslassen von unangenehmen Gefühlen und Vergeben
- Feste Vorstellungen und Erwartungen reduzieren und Akzeptanz der Realität
- ‚Demut' lernen/ falschen Stolz ablegen

(Kaluza, 2018, S. 80-83)

7.2 Maßnahmen auf schulorganisatorischer Ebene

Um langfristig einen Erfolg bzgl. der Burnout-Präventions- und Interventionsmaßnahmen bei Lehrpersonen zu erreichen, sollten entsprechende Vorkehrungen in den Schulen umgesetzt werden, oftmals stehen diese jedoch im Zusammenhang mit bildungspolitischen Entscheidungen. Da die Schulleitung zur Umsetzung einzelner Maßnahmen eine besonders große Verantwortung trägt (vgl. Hedderich, 2011, S. 103), sollte sie zunächst mit und ohne Personalrat geschult werden sowie deren Kommunikationsstrukturen und Informationsmethoden überprüfen. Ziel ist eine Transparenz hinsichtlich der Organisations- und Entscheidungsabläufe (vgl. Körner, 2002). Mittels der „Arbeits-Bewertungs-Checkliste für Lehrkräfte (ABC-L)" (siehe Anhang) können Arbeitsbedingungen an der Schule, gemessen an den Erwartungen des Kollegiums sowie im Vergleich zu Ergebnissen anderer Schulen, deutlich gemacht werden. Die ABC-L enthält sechzig Merkmale, die jeweils 15 schulischen Bereichen zugeordnet sind, beginnend von räumlichen Arbeitsbedingungen bis hin zur Arbeit mit der Schüler- und Elternschaft (vgl. Schaarschmidt & Kieschke, 2007, S. 46). Um einen Mangel an Teamarbeit und sozialer Unterstützung entgegenzuwirken, sollten kollegiale Kooperationen eingeführt werden. Die gemeinsame Planung von Unterrichtsreihen sollte gefördert, sowie schulinterne

Datenbanken, zum Austausch von Unterrichtsmaterialien, eingeführt werden. Ebenso hilft ein koordiniertes Vorgehen bei Korrekturen und Berichtigungen, um vor allem junge, unerfahrene Lehrpersonen zu entlasten. Pädagogische Konferenzen und die kollegiale Fallberatung unterstützen die gemeinsame Reflexion sowie die Be- und Verarbeitung verschiedener Probleme mit spezifischen Schülerinnen und Schülern, Eltern oder dem Kollegium. Voraussetzung für eine kollegiale Fallberatung ist jedoch eine vertrauensvolle Atmosphäre, in der Schwächen und Fehler eingestanden werden können und bestimmte Rahmenvorgaben beachtet werden (siehe Anhang) (vgl. Kokavecz, Rüttgers, & Schneider, 2012, S. 57f.). Mutzeck (2003) entwickelte ein kollegiales Supervisionsverfahren, womit Lehrpersonen befähigt werden sollen, ihre eigenen und fremden Arbeitsprozesse systematisch zu reflektieren, um konstruktive Rückmeldungen zu erhalten. Ideen und Denkanstöße anderer Gruppenmitglieder helfen bei der Gestaltung der eigenen Arbeit und es findet ein Austausch von Fachwissen und Erfahrungen statt. Der gruppeninterne Austausch verbessert und vertieft ebenso die Beratungskompetenz durch fachliches und persönliches Lernen einschließlich unmittelbaren Transfer in die Praxis. Lehrpersonen sehen sich durch eine kollegiale Supervision nicht mehr als ‚Einzelkämpfer/in' und erhalten Kraft und Unterstützung durch das Kollegium (vgl. Mutzeck & Schlee, 2008). Des Weiteren empfiehlt Körner (2003) regelmäßige Einzelgespräche zwischen der Schulleitung und dem Lehrpersonal, eine kollegiale Beratung bzw. kollegiale Hospitationen sowie freiwillige Evaluierungen durch Schülerfragebögen, um einem Mangel an Feedback entgegenzuwirken. Mit Hilfe von Teamcoaching und Mediationen sollten Konflikte innerhalb des Kollegiums bearbeitet und analysiert werden. Anschließend kann gemeinsam eine Schulkultur durch Leitlinien und Visionen entwickelt werden. Wie in 4.1 beschrieben, stellt die hohe Klassenstärke eine starke Belastung dar. Hier sollte mit der Schulbehörde gesprochen und die Doppelbesetzung in den Klassen eingeführt bzw. verstärkt sowie die Anzahl der Stunden hinsichtlich benötigter Schulsozialarbeit erhöht werden. Regelmäßige Gesundheitsberatungen und die Einführung von Gesundheitszirkeln, eine Neuregelung des Pausen- und Aufsichtssystem sowie eine Reduzierung der Lehr- und Stundenpläne minimieren arbeitsbezogene Überforderungen. Darüber hinaus können durch normgerechte Möbel, Belichtung, Blenden, Klimaanlagen sowie Schallschutzmaßnahmen und das Einrichten von Ruhezonen, Belastungen durch Lärm oder ergonomische Mängel beseitigt werden (vgl. Körner, 2002). Bezüglich der Arbeitszeitbelastung stellen Dorsemagen, Lacroix und Krause (2007) alternative Formen der Organisation von Arbeitszeit an Schulen vor: Aufgrund unterschiedlichem Aufwand hinsichtlich der Vor- und Nachbereitung wird eine unterschiedliche Lehrverpflichtung je nach Fach oder Fächerkombination empfohlen. Mittels wöchentlicher Anwesenheitsverpflichtung von zwei bis vier Stunden über den Unterricht hinaus, kann eine Kooperationszeit gefördert werden, in der Absprachen im Kollegium, gemeinsame Vorbereitungen oder Dienstbesprechungen oder auch Stressmanagementkurse stattfinden. Generell sollte Schulen bzw. einem schulischen Gremium ein pauschales Kontingent an Arbeitszeit für Lehrpersonen zugewiesen werden und sie sollten selbst entscheiden können, welche Lehrkraft welche Unterrichtsverpflichtung, Ermäßigung oder Aufgabenschwerpunkte zugewiesen bekommt (vgl. Dorsemagen, Lacroix, & Krause, 2013, S. 213). Eine weitere Burnout-Präventionsmaßname ist die Förderung des Autonomieerlebens der Lehrpersonen, da eigene Kontroll- und Handlungsmöglichkeiten hinsichtlich inhaltlicher und zeitlicher Aspekte der Arbeit das Erschöpfungsrisiko minimieren. So behandeln autonome Lehrpersonen zusätzlich Themen im Unterricht, obwohl diese nicht im Lehrplan stehen. Schulleitungen sollten daher Lehrkräfte bei der Realisierung ihrer beruflichen Ziele unterstützen und diese fördern. Im Schulalltag sollten Lehrpersonen auch außerhalb der Unterrichtszeit autonome Entscheidungen treffen können, trotz bestehender Vorgaben und Regeln (vgl. Hedderich, 2011, S. 101ff.).

7.3 Maßnahmen auf bildungspolitischer Ebene

Immer wieder wird deutlich, dass eine Reduktion der Klassenstärke sowie der Unterrichtspflichtstunden als entlastende Maßnahmen von Lehrpersonen angesehen wird. Darüber hinaus sollte mit Beurlaubungen großzügig verfahren und den Lehrkräften ein Sabbatjahr ermöglicht werden (vgl. ebd., S.112). Je nach Alter könnten Deputatsstunden bzw. die Dienstjahre verkürzt und berufliche Alternativen aufgezeigt werden. Weiterhin sollte die Eigenständigkeit der Schule gefördert, sowie Kommunikationsstrukturen geschaffen werden. Die Etablierung eines betrieblichen Gesundheitsmanagements inklusive Betriebssport oder Stressmanagement-Seminaren kann den seelischen und körperlichen Ausgleich der Angestellten fördern. Kuren, Therapien und psychologische Begleitungen sollten bei einer Überbelastung gefördert werden. Außerdem sollten Personaleinstellungen- sowie versetzungen transparenter gestaltet und Möglichkeiten der Umschulung geboten werden.

Insgesamt sollte die Gesundheit des Lehrpersonals bei allen bildungspolitischen Entscheidungen im Vordergrund stehen, da diese direkten Einfluss auf die Qualität des Unterrichts hat (vgl. ebd., S.115).

7.4 Präventionskonzept für die Freie Grundschule Quickborn

Die Freie Grundschule Quickborn ist eine Grundschule in freier Trägerschaft, die aktuell 197 Schülerinnen und Schüler beschult und neben der Schulleitung (Schulleitung und Stellvertretung) zehn Lehrkräfte, sechs Lernbegleiterinnen und ein Lernbegleiter, zwei Hausmeister, sowie drei Köchinnen beschäftigt. Die Schule wurde im Jahr 2010 gegründet und verfolgt den Ansatz, die Individualität eines jeden Kindes zu berücksichtigen und die unterschiedlichen Sinne als Lernkanäle zu nutzen, damit ein ganzheitliches Lernen nicht nur mit dem Kopf, sondern auch mit Herz und Hand erreicht werden kann. Am 01.08.2018 habe ich die stellvertretende Schulleitung übernommen und mir unter anderem die Aufgabe gestellt, die Gesundheit des Personals, aufgrund eines hohen Krankenstandes (7,5 %), zu fördern. In regelmäßigen Mitarbeitendengesprächen werden häufig u.a. folgende Belastungen genannt:

- Belastungen durch Schülerinnen und Schüler (physische und psychische Gewalt)

- Arbeitszeitbelastung (hoher Zeitdruck, wenig Pausen, außerunterrichtliche Verpflichtungen, Arbeitszeit erstreckt sich auf zwei Arbeitsplätze: Schule und häusliche Tätigkeit)

- Lärmbelastung (besonders auf dem Schulhof, in der Turnhalle, auf den Fluren, durch ständige Hintergrundgeräusche)

- Stimm- und Sprechbelastung

- Druck durch fordernde Eltern

(Rödiger, 2020)

Mit den gewonnenen Kenntnissen dieser Arbeit soll nun im Folgenden ein Präventionskonzept, entwickelt für die Freie Grundschule Quickborn, vorgestellt werden:

Auf den Ebenen der Organisationentwicklung soll die Gesundheit, Arbeitszufriedenheit, sowie Leistungsfähigkeit des Lehrpersonals gefördert werden, um gleichzeitig die Qualität des Unterrichts zu verbessern. Neben der Stärkung individueller Ressourcen müssen ebenso Arbeitsbedingungen, Organisations- und Kommunikationsstrukturen verändert werden. Jedoch kann die Schulleitung bei Veränderungswünschen oftmals Widerstände im Kollegium feststellen, sodass zunächst bewusstgemacht werden muss, welche Missstände und Probleme bestehen, um die Veränderungsbereitschaft zu erhöhen. In einer pädagogischen Konferenz werden den Kolleginnen und Kollegen, die Themen Gesundheit, Arbeitszufriedenheit und

Leistungsfähigkeit vorgestellt und eine Steuergruppe (Gesundheitsteam) gebildet. Anschließend erfolgt eine Bestandsaufnahme hinsichtlich der Arbeits- und Belastungssituationen zunächst per Brainstorming und dann mit Hilfe des Arbeits- und Bewertungs-Checks (ABC-L) von Kieschke und Schaarschmidt (2007), (siehe Anhang). Je nach Testresultaten muss geklärt werden, welche Maßnahmen zur Veränderung beitragen und wie diese umgesetzt werden können. Wichtig ist dabei, dass die Ziele kleinschrittig und vor allem positiv formuliert und schriftlich fixiert werden sollten. Folgende Maßnahmen habe ich bereits als Teil der Schulleitung, aufgrund der genannten Belastungen in Mitarbeitendengesprächen, umgesetzt:

- Verschönerung des Lehrerzimmers durch Pflanzen, eine Kaffeemaschine sowie die wöchentliche Bereitstellung von Obst

- Einrichtung eines Ruheraumes ‚Wohli-Raum' (sowohl für das Personal als auch für Schülerinnen und Schüler, siehe Anhang)

- Bereitstellung von Arbeitsplätzen für jede Lehrkraft

- Einrichtung einer ‚Schulcloud' zum Austausch von Lehrmitteln

- Optimierung der Konferenzen durch gezielte Moderation

- Reduzierung des zeitlichen Umfangs der Elternsprechtage

- Etablierung von kollegialen Hospitationen, Fallberatungen, Supervisionen zur schulinternen Bearbeitung individueller oder kollegialer Probleme mit Schülerinnen und Schülern

- ständige Unterstützung des Lehrpersonals durch die Schulleitung bei Disziplinproblemen und Unterrichtsstörungen

- Organisation jährlicher Sportfeste (z. B. ‚Unicef-Lauf') und klassenübergreifende Projekte sowie gemeinsame Ausflüge zur Steigerung der Identifikation aller Schulbeteiligten

- Stärkung einer offenen, toleranzgeprägten und wertschätzenden Kommunikation zwischen allen Schulbeteiligten

- in regelmäßigen Zielvereinbarungs- sowie Mitarbeitendengesprächen werden individuelle Belastungs- und Gesundheitssituationen, sowie individuelle Kompetenzen und Wünsche hinsichtlich des Personaleinsatzes berücksichtigt und Möglichkeiten zur individuellen Entwicklung festgelegt

- regelmäßiges Anerkennen der Leistungen des Teams und Vermittlung von Wertschätzung durch Teamevents und kleine Aufmerksamkeiten wie z. B. einen Team-Adventskalender

Die Qualität einer Schule steht und fällt jedoch nicht nur mit der Qualität ihrer Lehrkräfte, sondern auch ihrer Schulleitungen. Da die Schulleitung über das eigene Verhalten Einfluss auf die Gesundheit der Lehrkräfte nimmt, steigt das psychische Wohlbefinden des Lehrpersonals, je besser die Beziehung zum Kollegium ist und senkt gleichzeitig den Krankenstand (vgl. Bründel, 2014, S.71). Mitarbeitendengespräche als fester Bestandteil des Führungsmanagements können als beziehungsförderndes Instrumentarium dienen. Diese Gespräche werden von den Erwartungen und Einstellungen der Teilnehmenden sowie den Gesprächskompetenzen und Rahmenbedingungen (Zeit, Ort, Atmosphäre) beeinflusst und dienen neben der Förderung einer positiven Beziehung ebenso als Rückmeldung über individuelle Leistung und das Verhalten. Aufgrund dessen versuche ich als Teil der Schulleitung die psychosoziale Funktion der Gespräche in den Mittelpunkt zu stellen und die Leistungsbeurteilung transparent zu gestalten. Darüber hinaus messe ich jeder Unterrichtstätigkeit eine sehr hohe Bedeutung zu, berate Lehrkräfte in Unterrichtsfragen und fördere unterrichtsbezogene Kooperationen unter den Lehrkräften. Des Weiteren wird durch eine ständige Aufgabenverteilung die Zusammenarbeit der Schulleitung mit dem Lehrpersonal gefördert; Möglichkeiten, einen eigenen Beitrag zur Schulorganisation zu leisten, werden eröffnet. Häufig kann anschließend ein günstiges Gruppenklima und ein höheres Maß an Akzeptanz und beruflicher Zufriedenheit des Einzelnen beobachtet werden, was wiederum die Gesundheit fördert. Da führungsstarke Schulleitungen ebenso Beziehungsmanagende sind, achten sie auf eine gute Beziehungsstruktur in ihrem Kollegium und fördern eine aufgaben- und beziehungsorientierte Teamarbeit. Mittels des ‚Team-Checks‘ (vgl. Buchen & Rolff, 2006, S. 732ff.) soll an der Freien Grundschule Quickborn festgestellt werden, ob ein funktionierendes Team besteht und wie die Teamarbeit verbessert werden kann (siehe Anhang). Darüber hinaus sollen künftig ‚Lehrergesundheitstage‘ stattfinden, an denen sich die Lehrpersonen hinsichtlich der Zusammenhänge zwischen schulischer Beanspruchung, Stresserleben und psychosomatischen Symptomen fortbilden und eine Anregung zur Reduktion von Belastungen erhalten sowie an unterschiedlichen Bewegungs- und Entspannungsangeboten teilnehmen können. Ein Beispiel einer Fortbildungsreihe könnte das ‚Potsdamer Trainingsmodell‘ sein. Um individuelle Gesundheitsgefährdungen (Bluthochdruck, Herz-Kreislaufstörungen, Übergewicht, Stress und Burnout) zu erkennen, Fehlbeanspruchungen (Ohr, Stimme) abzubauen und individuelle Ressourcen der Lehrkräfte zu identifizieren, können ebenso ‚Gesundheits-Screenings‘ z. B. mit dem „Dresdner Modell" (Seibt, Dutschke, Hübler, & Scheuch, 2007) durchgeführt werden.

Team-Check: Teamdiagnose Bogen

1. Uns sind die Ziele des Teams unklar	☐☐☐☐☐☐	Die Ziele unseres Teams sind uns klar.
2. Ich identifiziere mich nicht mit den Zielen des Teams.	☐☐☐☐☐☐	Ich identifiziere mich mit den Zielen des Teams.
3. Unsere Ziele sind unrealistisch und unerreichbar	☐☐☐☐☐☐	Unsere Ziele sind realistisch und erreichbar.
4. Die Teammitglieder wissen nicht genau was sie zu tun haben.	☐☐☐☐☐☐	Die Teammitglieder kennen ihre Aufgaben.
5. Informationen werden oft zu spät ausgetaucht.	☐☐☐☐☐☐	Informationen werden rechtzeitig ausgetauscht.
6. Einige denken zu viel an sich selbst.	☐☐☐☐☐☐	Das Team steht im Mittelpunkt.
7. Es gibt Konkurrenz zwischen den Teammitgliedern.	☐☐☐☐☐☐	Konkurrenz im Team ist kein Thema.
8. Wir reden nicht offen und frei miteinander.	☐☐☐☐☐☐	Wir reden offen und frei miteinander.
9. Wir behalten wichtige Informationen für uns.	☐☐☐☐☐☐	Wir bringen wichtige Informationen In unser Team ein.
10. Wir denken selten über Verbesserung nach.	☐☐☐☐☐☐	Wir denken ständig über Verbesserung nach.

Abbildung 7: Teamdiagnose-Bogen (in Anlehnung an Buchen & Rolff, 2006, S.734)

8 Schlussfolgerung

Abschließend wird deutlich, dass Burnout, ausgelöst durch hohe Belastungen und Beanspruchungen im Lehrberuf, ein komplexes Phänomen ist, für das es keine einheitliche Definition in der Literatur gibt. Es finden sich Beschreibungen, die ihn als Prozess der Erschöpfung, Dehumanisierung und reduzierter Leistungsfähigkeit definieren, die zu einem Rückzug führen und in Verzweiflung oder sogar in Depression enden. Immer wieder wird deutlich, dass nicht nur Belastungen auf der Arbeits- und Organisationsebene eine Rolle spielen, sondern auch die Persönlichkeit der einzelnen Lehrkraft. Schließlich fühlen sich viele Lehrpersonen belastet, erkranken jedoch nicht an Burnout. Die vorliegende Arbeit macht sichtbar, welche Belastungen im Schulalltag existieren und welche Risikofaktoren die Burnout-Symptomatik fördert. So besteht mit unkonkreten-idealistischen Berufszielen, einer hohen Verausgabungsbereitschaft sowie einer hohen Resignationstendenz und fehlender Distanzierungsfähigkeit ein höheres Risiko, an Burnout zu erkranken. Im Laufe der Jahre sind viele Konzepte zur Förderung der Lehrergesundheit und zur Prävention von Burnout beim Lehrpersonal entstanden, die unter anderem vorgestellt wurden. Es wurde deutlich, dass intervenierende und   präventive Maßnahmen in Bildungsorganisationen sehr komplex sind und auf vielen Ebenen stattfinden müssen und dass Gesundheitsförderung somit ein Management braucht, um sie zum integralen Bestandteil von Bildungsorganisationen werden zu lassen. Darüber hinaus sollte ein Gesundheitsmanagement gezielt, systematisch, nachhaltig und wirkungsvoll gesteuert werden und Verbindlichkeiten schaffen (vgl. Wicki & Bürgisser , 2008, S.98). Es sollen Veränderungsprozesse angestoßen werden, die jedoch nur dann wirken und nachhaltig sind, wenn es die Betroffenen selbst spüren und wenn sie diese mitgestalten können. Oftmals stoßen hier Führungspersonen an eine Grenze, da der Blick auf ‚Gesundheit' nicht immer ein gemeinsamer ist und Veränderungsprozesse häufig auf Ablehnung stoßen. Darüber hinaus werden lediglich die zusätzlichen Kosten, statt die Investition in die Menschen und die Bildungsorganisationen gesehen. Personelle und finanzielle Mittel werden immer wieder gekürzt und es benötigt Gesundheitswissen, kenntniswirksamer Maßnahmen und Steuerungskompetenz, um die Balance zwischen Anforderungen und Ressourcen zu erreichen. Als stellvertretende Schulleitung an der Freien Grundschule Quickborn kann ich feststellen, wie hoch zusätzliche Kosten für Vertretungslehrkräfte langfristig erkrankter Lehrpersonen sind, die durch ein gezieltes Gesundheitsmanagement inklusive der Investitionen langfristig gesenkt werden können. Viele Lehrpersonen und Schulleitungen brauchen jedoch diesbezüglich

Unterstützung von externen Ressourcen (Fachstellen, Projekte, Angebote, Fortbildung), da es an konkreten Aufträgen bezüglich einer effektiven Gesundheitsförderung seitens der Bildungsbehörden fehlt. So sollten auch die präventiven und intervenierenden Maßnahmen gegen eine Überlastung in Bildungsorganisationen gesetzliche und konzeptionelle Grundlagen in einem institutionellen Entwicklungsprogramm sein, „denn was hier nicht drin ist, das ist draußen" (Zitat eines Schulleiters, Wicki & Bürgisser, 2008, S. 99). Gesundheitsförderung an Schulen und somit die Reduzierung der Belastungen und Beanspruchungen in der Schule ist eine Führungsaufgabe, die mit Hilfe von Steuergruppen und Gesundheitsteams die Gesundheit und das Wohlbefinden aller an der Schule Beteiligten stärkt und somit die Leistungsfreude, -fähigkeiten und den Leistungswillen erhöht. Als Teil der Schulleitung möchte ich dieser Aufgabe weiterhin nachkommen, denn:

> „Erfolgreiches Lernen unterstützt die Gesundheit. Erziehung und Gesundheit sind unzertrennbar."

(Wicki & Bürgisser , 2008, S. 104).

9 Literaturverzeichnis

Barth, A.-R. (1992). Burnout bei Lehrern. Göttingen: Hogrefe.

Bergner, T. M. (2010). Burnout-Prävention: Sich selbst helfen - 12-Stufen-Programm zur Selbsthilfe. Stuttgart: Schattauer.

Bildungsministerium Niedersachsen. (2002). Niedersachsen macht Schule mit der Selbstständigen Schule. Hannover: Mustervertrag.

Brehm, M., & Uhlendorff, H. (2009). Das Potsdamer Trainingsmodell. Ein Burnout-Trainingsprogramm. Schulmanagement, 32-33.

Bründel. (2014). Grundkurs Schulmanagement VII. Den Schulalltag gesund bewältigen. Psychosoziale Grundkompetenzen im Lehrerberuf. Kronach : Carl Link.

Buchen, H., & Rolff, H.-G. (2006). Professionswissen Schulleitung. Weinheim und Basel: Beltz.

Bund-Länder-Kommission. (1997). Gutachten zur Steigerung der Effizienz des mathematischen-naturwissenschaftlichen Unterrichts. Bonn.

Burisch, M. (2014). Das Burnout-Syndrom. Theorie der inneren Erschöpfung. Heidelberg: Springer.

Buschmann, I., & Gamsjäger, E. (1999). Determinanten des Lehrer-Burnout. Psychologie in Erziehung und Unterricht, 46, 285.

Dorsemagen, C., Lacroix, P., & Krause, A. (2013). Arbeitszeit an Schulen: Welches Modell passt in unsere Zeit? In M. Rothland, Belastung und Beanspruchung im Lehrerberuf: Modelle, Befunde, Interventionen (S. 227-245). Wiesbaden: Springer.

Eissele, I., & Hauser, U. (2004). Höllenjob auf Lebenszeit. Stern, 1.

Fengler, J. (2001). Helfen macht müde. Zur Analyse und Bewältigung von Burnout und beruflicher Deformation (Leben Lernen 77). Klett-Cotta.

Frick, J. (2015). Gesund bleiben im Lehrerberuf. Ein ressourcenorientiertes Handbuch. Bern: Hans Huber.

Götz, S. (2018). "Ich arbeite nicht mit den Schülern, sondern gegen sie" Prügelnde Kinder, überforderte Schulleiter und marode Gebäude: Drei Lehrer erzählen, warum sie ihren Beruf wieder aufgegeben haben. Zeit, 1.

Grimm, M. (1993). Kognitive Landschaften von Lehrern. Berufszufriedenheit und Ursachenzuschreibung angenehmer und belastender Unterrichtssituationen. Frankfurt am Main: Internationaler Verlag der Wissenschaften.

Hedderich, I. (2011). Schulische Belastungssituationen erfolgreich bewältigen. Ein Praxishandbuch für Lehrkräfte. Bad Heilbrunn: Julius Klinkhardt.

Helsper, W. (2000). Antinomien des Lehrerhandelns und die Bedeutung der Fallrekonstruktion- Überlegungen zu einer Professionalisierung im Rahmen universitärer Lehrerbildung. In E. Cloer, D. Klika, & H. Kunert, Welche Lehrer braucht das Land? Notwendige und mögliche Reformen der Lehrerbildung. (S. 142-177). Weinheim, München: Juventa.

Heyse, H. (2011). Herausforderung Lehrergesundheit: Handreichung zur individuellen und schulischen Gesundheitsförderung. Seelze: Klett/Kallmeyer.

Hillert, A., & Schmitz, E. (2004). Psychosomatische Erkrankungen bei Lehrerinnen und Lehrern. Stuttgart: Schattauer.

Hillert, A., Lehr , D., Koch, S., Bracht, M., Ueing, S., Sosnowsky-Waschek, N., & Lüdtke, K. (2011). Lehrergesundheit. AGIL- das Präventionsprogramm für Arbeit und Gesundheit im Lehrerberuf . Stuttgart: Schattauer.

Hillert, A., & Marwitz, M. (2006). Die BURNOUT EPIDEMIE oder Brennt die Leistungsgesellschaft aus? München: C.H. Beck.

Jung-Strauß, E. (2000). Widersprüchlichkeiten im Lehrerberuf. Eine Untersuchung unter Verwendung der Rollentheorie. Frankfurt : Lang.

Kaluza, G. (2018). Gelassen und sicher im Stress: Das Stresskompetenz-Buch: Stress erkennen, verstehen, bewältigen. Berlin: Springer.

Klemm, K. (2006). Neue Arbeitszeitmodelle. Zum langsamen Abschied vom Standardmodell. In H. Buchen, & H.-G. Rolff, Professionswissen Schulleitung (S. 712-725). Weinheim und Basel: Beltz.

Klippert, H. (2007). Lehrerentlastung. Strategien zur wirksamen Arbeitserleichterung in Schule und Unterricht. Weinheim und Basel: Beltz.

KMK. (2000). Aufgaben von Lehrerinnen und Lehrern heute- Fachleute für das Lernen. Kultusministerkonferenz, (S. 6). Bremen.

KMK-Kommission. (2000). Perspektiven der Lehrerbildung in Deutschland. Gutachten im Auftrag der Kultusministerkonferenz . Weinheim und Basel.

Knauder, H. (2005). Burn-out im Lehrerberuf. Verlorene Hoffnung und wiedergewonnener Mut. Graz: Leykam.

Kokavecz, I., Rüttgers, T., & Schneider, J. (2012). Stress und Burn-out vermeiden. Das Praxishandbuch. Profi-Tipps und Materialien aus der Lehrerfortbildung. Ettenheim: Auer.

Körner, S. (2002). Das Phänomen Burnout am Arbeitsplatz Schule. Ein empirischer Beitrag zur Beschreibung des Burnout-Syndroms und seiner Verbreitung sowie zur Analyse von Zusammenhängen und potentiellen Einflußfaktoren auf das Ausbrennen von Gymnasiallehrern. Erfurt.

Körner, S. (2003). Das Phänomen Burnout am Arbeitsplatz Schule. Berlin: Logos.

Kramis-Aebischer , K. (1995). Stress, Belastungen und Belastungsverarbeitung im Lehrerberuf. Bern; Stuttgart; Wien: Haupt.

Lohmann, G. (2003). Mit Schülern klarkommen. Professioneller Umgang mit Unterrichtsstörungen und Disziplinkonflikten. Berlin.

Meyer, E. (1994). Burnout und Stress: Praxismodell zur Bewältigung. Hohengehren: Schneider.

Miller, R. (2001). Entlastung durch gemeinsames Tun. In R. Kretschmann, Stressmanagement für Lehrerinnen. Ein Trainingshandbuch (S. 51). Weinheim und Basel:Beltz.

Mutzeck, W., & Schlee, J. (2008). Kollegiale Unterstützungssysteme für Lehrer. Gemeinsam den Schulalltag bewältigen. Stuttgart: W. Kohlhammer.

Nolting, H.-P. (2002). Störungen in der Schulklasse. Ein Leitfaden zur Vorbeugung und Konfliktlösung. Weinheim und Basel.

Prof. Dr. Schnell, W. (2018). Spezifische Belastungen im Lehrberuf. Belastungsaspekte aus arbeitspsychologischer Sicht. Schul- und Unterrichtsentwicklung, 240.

Quarks & Co (2012, 19.Oktober.). Der Lehrer- Das Unbekannte Wesen. (Video) https://www.youtube.com/watch?v=HGTonR6Tnh8

Realschullehrerverband, B. (2003). Arbeitsbelastung der Lehrkräfte an Realschulen in Bayern. Ergebniszusammenfassung. München.

Rohmert, W., & Rutenfranz, J. (1975). Arbeitswissenschaftliche Beurteilung der Belastung und Beanspruchung an unterschiedlichen industriellen Arbeitsplätzen. Cornell University: Der Bundesminister für Arbeit und Sozialordnung.

Rothland, D. M. (2013). Belastung und Beanspruchung im Lehrerberuf. Modelle, Befunde, Interventionen. Wiesbaden: Springer Fachmedien.

Rothland, M. (2016). Beruf Lehrer/ Lehrerin. Ein Studienbuch. Regensburg: Waxmann.

Rödiger, T. (2020). Notizen aus Mitarbeitendengesprächen. unveröffentlicht

Rudow, B. (1994). Die Arbeit des Lehrers. Bern: Huber.

Rudow, B. (1997). Das Belastungs-Management-Training für Lehrer (BMT-L). In I. Hedderich, Schulische Belastungssituationen erfolgreich bewältigen. Ein Praxishandbuch für Lehrkräfte (S. 92). Bad Heilbrunn: Klinkhardt.

Rudow, B. (2000). Arbeits- und Gesundheitsschutz im Lehrerberuf. Ludwigsburg.

Schaarschmidt , U. (2011). Lehrerinnen und Lehrer zwischen Belastung und Entlastung. In H. Berner, & R. (. Isler, Lehrer-Identität, Lehrerrolle, Lehrerhandeln. Professionswissen für Lehrerinnen und Lehrer. (S. 105-123). Hohengehren: Schneider.

Schaarschmidt, U. (1999). Lehrerbelastung. Einführung in das Themenheft. Psychologie in Erziehung und Unterricht (46), 241-243.

Schaarschmidt, U. (2004). Halbtagsjobber? Psychische Gesundheit im Lehrerberuf- Analyse eines veränderungsbedürftigen Zustandes. Weinheim: Beltz.

Schaarschmidt, U. (2009). Beanspruchung und Gesundheit im Lehrerberuf. In O. e. Zlatkin-Troitschanskaia, Lehrerprofessionalität. Bedingungen, Genese, Wirkungen und ihre Messungen. (S. 605-616). Weinheim und Basel: Beltz.

Schaarschmidt, U., & Kieschke, U. (2007). Gerüstet für den Schulalltag: Psychologische Unterstützungsangebote für Lehrinnen und Lehrer (Reihe Pädagogik). Weinheim: Beltz.

Scheuch, K., Haufe, E., & Seibt, R. (2015). www.aerzteblatt.de. Von https://www.aerzteblatt.de/archiv/170601/Lehrergesundheit abgerufen

Seibt, R., Dutschke, D., Hübler, A., & Scheuch, K. (2007). Handlungsanleitung zur Durchführung. einer individuellen Vorsorgediagnostik für Lehrkräfte. Das Dresdner Modell. In R. Seibt, & K. Scheuch, Verbundleitung LANGE LEHREN. Dresden : Selbstverlag der TH Dresden.

Sieland, B. (1 2013). Wer eine zukunftsfähige Schule will, muss die Gesundheit des Schulpersonals fördern. (B. f. Beruf, Hrsg.) Hamburg macht Schule-Zeitschrift für Hamburger Lehrkräfte und Elternräte, 32-35.

Storch, M., & Krause, F. (2017). Selbstmanagement – ressourcenorientiert: Grundlagen und Trainingsmanual für die Arbeit mit dem Zürcher Ressourcen Modell (ZRM). Bern: Hogrefe.

Tameling, R. (2014). Stress und Stressbewältigung. Die Stresstheorien von Richard S. Lazarus und Aaron Antonovsky. disserta.

Terhart, E., Bennewitz, H., & Rothland, M. (2014). Handbuch der Forschung zum Lehrerberuf. Münster : Waxmann.

Ulich, K. (2011). Arbeitspsychologie. Stuttgart:vdf.

van Dick, R. (2006). Stress und Arbeitszufriedenheit bei Lehrerinnen und Lehrern- zwischen "Horrorjob" und Erfüllung. Marburg: Tectum.

van Dick, R. (2006). Stress und Arbeitszufriedenheit bei Lehrerinnen und Lehrern. Zwischen "Horrorjob" und Erfüllung. Marburg: Tectum.

vbw-Vereinigung der Bayerischen Wirtschaft e.V. (2014). Psychische Belastungen und Burnout beim Bildungspersonal. Empfehlungen zur Kompetenz- und Organisationsentwicklung. Münster: Waxmann.

Wicki, W., & Bürgisser , T. (2008). Praxishandbuch Gesunde Schule. Gesundheitsförderung verstehen, planen und umsetzen. Berne: Haupt.

10 Anhang

„Maslach Burnout Inventory Educators Survey"

(deutsche Übersetzung von Enzmann und Kleiber 1989)

Wie häufig treffen die folgenden Aussagen auf Sie persönlich zu?

(Nie; einige Male im Jahr und seltener; einmal im Monat, einige Male im Monat; einmal pro Woche; täglich)

Subskala „Emotionale Erschöpfung" (neun Items)

- Durch meine Arbeit bin ich gefühlsmäßig am Ende.
- Am Ende des Schultages fühle ich mich erledigt.
- Ich fühle mich schon müde, wenn ich morgens aufstehe und wieder einen Schultag vor mir habe.
- Den ganzen Tag mit Schülern zu arbeiten, ist wirklich eine Strapaze für mich.
- Durch meine Arbeit fühle ich mich ausgelaugt.
- Meine Arbeit frustriert mich.
- Ich glaube, ich arbeite zu hart.
- Mit jungen Menschen in der direkten Auseinandersetzung arbeiten zu müssen, belastet mich zu sehr.
- Ich glaube, ich bin mit meinem Latein am Ende.

Subskala „Depersonalisierung/ Dehumanisierung" (fünf Items)

- Ich glaube, ich behandle Schüler zum Teil ziemlich unpersönlich.
- Seit ich Lehrer bin, bin ich gleichgültiger gegenüber Menschen geworden.
- Ich befürchte, dass diese Arbeit mich emotional verhärtet.
- Bei manchen Schülern interessiert es mich im Grunde nicht, was aus / mit ihnen wird.
- Ich habe den Eindruck, die Schüler geben mir die Schuld für ihre eigenen Probleme.

Subskala „Subjektiv reduzierte Leistungsfähigkeit" (acht Items)

- Es gelingt mir gut, mich in meine Schüler hineinzuversetzen.
- Mit den Problemen meiner Schüler kann ich sehr gut umgehen.

- Ich glaube, dass ich das Leben anderer Menschen durch meine Arbeit positiv beeinflusse.
- Ich fühle mich voller Tatkraft.
- Es fällt mir leicht, eine entspannte Atmosphäre mit meinen Schülern herzustellen.
- Ich fühle mich angeregt, wenn ich intensiv mit meinen Schülern gearbeitet habe.
- Ich habe viele wertvolle Dinge in meiner derzeitigen Arbeit erreicht.
- In der Arbeit gehe ich mit emotionalen Problemen sehr ruhig und ausgeglichen um.

Wohli-Raum der Freien Grundschule Quickborn

Ein Wohlfühl- und Entspannungsraum für Schülerinnen und Schüler, sowie Mitarbeitende als Bestandteil des Präventionskonzeptes „Fit und stark plus"